打開天窗 敢説亮話

EDUCATION

天窗出版

建立你的獨有形象

入讀美國頂尖寄宿學校
關鍵 5 部曲

瑪麗貝絲‧霍德森（Marybeth Hodson）、鄭余雅穎 著

目錄

第一步　從申請前兩年開始部署

第二步　申請年度的任務

第三步　秋季開學後報考

作者及譯者介紹

本書作者

瑪麗貝絲・霍德森（MARYBETH HODSON）
ARCH EDUCATION 美國寄宿學校諮詢總監兼高級合夥人

瑪麗貝絲自 2010 年起成為香港 ARCH Education 美國寄宿學校諮詢總監兼高級合夥人。她協助多名國際學生申請入讀美國寄宿學校，並為學生周詳規劃令人興奮的留學新生活。瑪麗貝絲曾在康涅狄格州一所寄宿學校擔任高級副招生官及國際生招生統籌，經常到訪多間美國頂尖學校，熟悉新英格蘭（New England）的預科學校。

瑪麗貝絲的 4 名孩子亦接受寄宿學校的教育薰陶。她憑着敏銳的觀察力，以及對寄宿學校的深切了解，明白美國學校傾向錄取哪類學術背景和特質的學生，故此多年來都能協助學生選定合適的學校。

瑪麗貝絲擁有心理學碩士學位，並且是獨立教育顧問協會（IECA）的成員。她熱衷於女子曲棍球運動，曾在大學時期參與這項運動，並為自己的鄉鎮成功推行青年計劃，之後亦曾在一所競爭激烈的寄宿學校擔任曲棍球教練。

瑪麗貝絲每年都會到訪香港和亞洲，並把握機會與 ARCH 團隊和學生會面。在身處香港期間，她會與來訪的寄宿學校代表見面，以及協助學校在香港舉辦活動。瑪麗貝絲亦經常主持 ARCH Education 舉辦的網絡研討會，並在 FindingSchool.net 上講解體育運動在寄宿學校生活的重要性。

毋須工作時，瑪麗貝絲是一名運動愛好者，經常到北歐和偏遠地區滑雪。她同時亦為高中州際網球賽的冠軍及網球愛好者，近年愛上玩匹克球（Pickleball），以及在夏季時到海邊玩樂和享受高爾夫球運動。當然，瑪麗貝絲更喜歡與丈夫、4 名孩子、兩隻愛犬及好友享受餐桌上的快樂時光。

鄭余雅穎
周大福教育集團執行副主席及集團總裁、ARCH EDUCATION 和 ARCH COMMUNITY OUTREACH 聯合創辦人、鄭余雅穎培菁女性創效基金創辦人

鄭余雅穎對教育充滿熱誠，在過去十多年來致力推動教育行業發展。她是周大福教育集團執行副主席及集團總裁，主理該集團的策略發展方向。

鄭余雅穎現時為維多利亞教育機構校監、德思齊加拿大國際學校校董、地利亞修女紀念學校校董，以及香港威雅學校董事會成員。她也是哥倫比亞大學傅氏基金工程與應用科學學院董事會成員、香港大學校董會委員、嶺南大學諮議會成員、香港聯合國教科文組織協會副會長、香港喬特俱樂部聯合主席、香港基督教女青年會持續教育校董會榮譽顧問、滬江維多利亞學校學術規劃及發展委員會成員、大自然保護協會亞太區理事會會員以及「愛基金」大使。

鄭余雅穎亦是 ARCH Education 的聯合創始人。ARCH Education 是建基於香港的專業升學教育顧問機構，以彌合教育分歧與差異為使命，透過創新的改造方案，提供專業教育和海外升學諮詢及輔導服務，協助學生實現未來的升學目標。作為美國大學和寄宿學校招生諮詢部總監，鄭余雅穎在過去十年間指導了數以千計的學生，協助他們實現到美國接受優等教育的夢想，成功考入哈佛大學、耶魯大學、普林斯頓大學、哥倫比亞大學、史丹福大學、麻省理工學院、其他長春藤聯盟等頂尖大學，以及美國頂尖寄宿學校，包括菲利普斯安多弗學院（Andover）、喬特羅斯瑪利中學（Choate）、迪爾菲爾德學院（Deerfield）、菲利普艾斯特中學（Exeter）、格羅頓學校（Groton）、霍奇科斯學校（Hotchkiss）、羅倫斯威爾中學（Lawrenceville）、米爾頓中學（Milton）、聖保羅學校（St. Paul's School）、塔夫特中學（Taft）等。

鄭余雅穎也是 ARCH Community Outreach （ACO） 的合夥創辦人。ACO 是一家非牟利慈善機構，旨為擴闊香港學生的國際視野，增加接觸和接受國際教育的機會，重點支援優秀的基層學生，贊助他們申請入讀全球頂尖學府。

2020 年，她成立了鄭余雅穎培菁女性創效基金，致力啟迪和裝備女孩成為「未來就緒」領袖，透過建立強而有力的管道，包括資源、發展技能和思維模式，培育女孩成為掌握數碼科技未來的精明決策者，為本地以至全球作出貢獻。

2019 年，鄭余雅穎獲港安醫院慈善基金頒發 Women of Hope Award （WOH） 2019 —— 兒童倡導者類別，以表彰她在教育和兒童發展方面的卓越成就和貢獻。

鄭余雅穎以優異成績畢業於美國喬特羅斯瑪利中學 （Choate Rosemary Hall），並以極優等成績（magna cum laude）畢業於哥倫比亞大學（Columbia University），獲得工業工程運籌學榮譽學士學位，副修經濟。在投身教育行業之前，她曾擔任高盛公司（Goldman Sachs）債券、外匯及商品部執行董事。

本書譯者

HOCKEY YEUNG

畢業於香港理工大學，主修翻譯；曾任職財經、電影字幕翻譯員、出版社編輯。

前言

全球化正徹底改變世界。我們比過去任何時候都更緊密地彼此聯繫，世界各地的人很容易就可以透過社交平台互相交流、分享想法。隨著社會改變，教育的目標也在改變。在全球化下，教育要更有體驗和具多樣性，讓學生更積極學習，發展多項技能。除了學習知識外，更需要掌握獨立思考的方法，學懂以團隊方式與他人合作，互相交流心得，從而解決難題。

筆者認為，教育是全球穩定的基礎。若一個人從年幼開始便發展多文化意識，日後能就全球問題得出較公正持平的結論。全球化和教育旨在促使年輕人為未來的成功做好準備，確保國與國之間、人與人之間的聯繫變得更緊密。

21 世紀必備技能

對於學生而言，在未來的日子，他們顯然要面對與現今社會截然不同的就業問題。不少父母亦開始認為子女必須作好準備，所以他們為子女報讀寄宿學校時，會特別著重培養 21 世紀的必備技能，統稱 4C：**批判性思維**（Critical thinking）、**創造力**（Creativity）、**溝通能力**（Communication）和**協作能力**（Collaboration）。

批判性思維是 21 世紀的必備技能，在寄宿學校內，教師會鼓勵學生閱讀，促進思考和發問，在課堂積極討論，期望學生能互相交流想法。

21 世紀的學生需要培養更高層次的創造力，在做事的過程中，要有創意及懂變通。IBM 在 2010 年對全球 33 個行業的行政總裁進行了一項調查，研究認為「**創造力**」是個人最關鍵的成功因素。在 LinkedIn 上搜索顯示，「創意」是個人履歷中最常使用的形容詞。學術成績固然不可缺少，但隨著 21 世紀的訊息交流愈來愈多，批判性思維亦至關重要。

溝通能力對於入讀寄宿學校也不可或缺。學生需要懂得與世界交流，除了書寫和演講外，還包括使用互聯網和多媒體。寄宿學校的學生需要與同學交流，並有大量機會在課室以外、宿舍和運動場上接觸到其他成年人。不管是在課堂上對各種議題發表自己的意見，或是在晚宴上與人侃侃而談，甚或與室友協議如何清理宿舍空間等，都必須具備良好溝通技巧。

當學生一起學習，學會妥協並了解他人有「更好的一面」時，**協作能力**就產生了。由於寄宿學校是一個社區，善於協作的學生可以參與團體項目，為團隊利益和優勢作出貢獻，也可以在學生會議上達成共識，以及在團隊比賽處於下風時激發團隊士氣。最佳的協作者是願意妥協的人，他必須理解到犧牲自己部分想法才能獲得最佳結果。

隨著 21 世紀技能的價值開始備受認同，世界各地的學生紛紛湧到美國的寄宿學校學習，因為這裡正是培養 4C 技能的最佳地方。

美國教育制度

美國大多數寄宿學校都是中學，建議家長和學生們先認識整個美國教育制度，從而更好地理解學校和作決定。美國教育制度一般按學生的年齡／程度分為 3 個階段：小學、中學和預科。

美國的小學和中學制度通常統稱為 K-12，從幼稚園至 Grade 12 都有公立和私立學校之分。然而，令許多國際學生家長驚訝的是，美國沒有統一的全國教育制度。儘管聯邦政府能透過調配資金來影響某些教育政策，但最終決定教育政策和方向的是州政府。此外，美國大部分公立學校都依靠所在城鎮的房產稅來應付學校開支。在這種制度結構下，每間美國學校的教育價值觀和財政狀況都會有所不同。

有些美國家長並不會為孩子選擇公立學校，而是選擇入讀私立學校。私立學校不靠政府資助，營運收入由學費、助學金及捐款支持；一些教會學校則另有宗教組織支持。

本書的主要焦點是介紹包括初中和高中（12 至 18 歲）在內的美國私立寄宿中學，希望每位閱讀這本書的國際學生都能夠入讀適合的美國寄宿學校。本書亦會具體講解寄宿和學習生活。

寄宿學校制度其實由來已久，英國寄宿學校的歷史甚至可追溯至中世紀時期。與英國寄宿學校相比，美國寄宿學校就比較「年輕」，最古老的寄宿學校是建於 1744 年、位於馬利蘭州的西諾丁漢學院（West Nottingham Academy）；其他較歷史悠久的學校還包括成立於 1778 年的菲利普斯學院（Phillips Academy Andover），以及成立於 1781 年的菲利普斯埃克塞特學院（Philips Academy Exeter）等等。

美國教育制度概覽

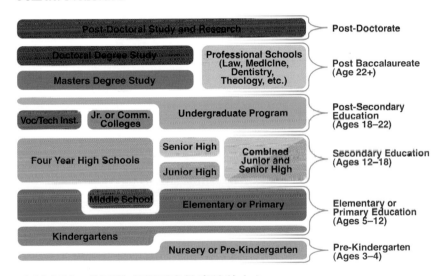

資料來源：美國教育部國家教育統計中心

爲甚麼選擇寄宿學校？

家長選擇寄宿學校可以有各種原因，可能是家族傳統，可能是希望在本地教育制度以外尋求機會和不同的價值觀，亦可能是想培養孩子的生活技能和獨立能力；還有一些學生希望發展學術、體育、音樂等天分，而家長則會著眼於寄宿學校的培訓資源。

美國寄宿學校琳琅滿目，有傳統的男女校寄宿學校（co-educational boarding schools）、男校／女校寄宿學校（single-sex boarding schools）、寄宿初中（junior boarding schools）、針對嚴重情緒和行為問題學生而設的寄宿學校（therapeutic boarding schools）、五天制寄宿學校（5-day boarding）、提供學習支援的寄宿制學校，以及一些有標誌性課程的寄宿學校，幾乎可以滿足家長們不同的選校考量。

寄宿學校內有學生宿舍和課室，既充滿學術氛圍，亦提供多種體育運動、課外活動和俱樂部，充滿挑戰性，學生可以與老師和朋輩互動交流，互相扶持，共同成長。

由於學生在寄宿環境中學習，學生可說是「全年無休（24/7）」。根據寄宿學校協會（TABS）的數據，寄宿學校學生每周花 17 小時做功課，比私立日間學校（9 小時）和公立學校（8 小時）的同齡學生為多。此外，有 50％寄宿學校的學生會進修研究生學位，高於私立日間學校學生的 36％。

入讀美國頂尖寄宿學校 5 部曲

大多數家長會根據學校排名來制訂選校名單，卻往往對個別學校的資料，以及其競爭情況一知半解。很多時候，家長們都不太清楚學校是否適合自己的孩子，以及寄宿學校的招生準則。

本書雖然以美國寄宿學校為目標，但所提及的申請原則亦適用於所有會招收國際學生的美國中學。很多美國私立學校和教會日間學校都可以透過「學生交流訪問者計劃」（SEVP）招收國際學生；符合 SEVP 資格的公立高中，則可以招收非美國公民入讀學校 12 個月，但國際學生須支付學費。

筆者認為，及早計劃是成功入學的關鍵。學生需要花時間在學業、建立課外活動記錄及培養性格特質方面做好準備，令自己被寄宿學校認可成為一分子。整個升學規劃必須以學生的成就為目標，而非僅僅著眼於會否獲錄取而已。早有準備的學生除了會被錄取，也會在寄宿學校的學習生涯中獲得傑出成就，更可為他們在申請大學時加分。

《建立你的獨有形象 —— 入讀美國頂尖寄宿學校關鍵 5 部曲》將美國寄宿學校的錄取過程變得形象化，並使用了企業家思維框架及市場學理論講述申請學校的概念，如建立形象、定位和建立忠誠度，並列出成功申請寄宿學校所需的優先事項。

筆者的 4 名孩子均在寄宿學校度過學習生涯；筆者曾在美國寄宿學校擔任國際生招生統籌和曲棍球教練多年，在大約 10 年前轉職為專業教育顧問，擔任香港 ARCH Education 美國寄宿學校諮詢總監兼高級合夥人，指導香港、中國內地和其他東亞國家的學生成功升讀美國頂尖寄宿學校。本書是筆者累積多年相關經驗的精華，當中討論的申請學校框架和概念，相信可以讓來自世界各地的學生和家長受益。遵照本書的關鍵 5 部曲，你可以清楚地了解美國寄宿學校會招收甚麼類型的學生，以及（一向被認為）繁複和耗費時間的申請程序，再做好最佳準備，計劃成為一分子！

第一步　從申請前兩年開始部署
第二步　申請年度的任務
第三步　秋季開學後報考
第四步　面試後跟進有技巧
第五步　適應轉學過渡期

在附錄，你更可以下載 *My Boarding School Plan Workbook*，制訂自己的升學計劃，以順利完成美國寄宿學校的申請。祝你成功！

你適合入讀寄宿學校嗎？

美國有近 300 間寄宿學校，遍布全國 50 個州之中的 41 個州份，包括夏威夷。這些寄宿學校大多位於東岸，學校密度最高的州份為東北部的康涅狄格州（Connecticut）和馬薩諸塞州（Massachusetts）。

圖表 0.1 美國寄宿學校集中在東岸

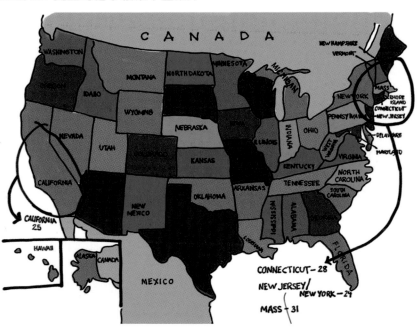

美國的寄宿學校一向以優秀的學術水平、出色的運動成績和與學校所在的社區關係緊密而見稱，部分更憑藉其校內的獨有課程和特色設施突圍而出。每間寄宿學校都是獨一無二。在揀選寄宿學校時，你需要

考慮學校質素、規模、地點、課程內容和課外活動等多項因素。

美國頂級寄宿學校會重點招收學業上出類拔萃的學生。除此之外，寄宿學校也樂意招收一些能對學校有正面的影響，甚至能為校增光的學生。能夠克服種種挑戰、富有合作精神、充滿求知欲和思想開放的學生，是頂尖寄宿學校的招生目標。了解上述寄宿學校的特點後，你會發現：

寄宿學校並非適合所有學生。

實際錄取率遠低於公布數字

很多亞洲父母喜歡看互聯網上的學校排名榜和錄取率，並以這些數字計算子女入讀美國寄宿學校的機會率。其實這些公布數字是以整體計算，當中包括本地生、國際生、寄宿生和走讀生。你可能會發現，申請入讀美國寄宿學校的亞洲學生人數和學校所公布的錄取率不斷增加，但經驗所得，不管學校的招生準則如何，實際錄取率往往遠低於公布數字。這不過是「經濟學 101」的基本理論：供應與需求 ── 合格的申請人（特別是來自中國內地的學生）愈來愈多，但美國寄宿學校只有近 300 間。

本書旨在為各位家長和學生闡述有意申請美國頂尖寄宿學校必需準備的事項，以及學生應當具備的技能。在進入這些環節前，計劃漂洋過

你適合入讀寄宿學校嗎？

海、到美國寄宿學校生活的你，必須再三自問：你想匆匆度過這段學業生涯，還是準備在另一個環境下脫胎換骨？寄宿學校的學習環境又是否適合你？你準備好了嗎？

第一步
從申請前兩年開始部署

1.1 - 以 3 項準備度指標　評估個人能力
1.2 - 建立個人獨有形象
1.3 - 開展家校合作關係

很多學生會選擇在九年級（Grade 9）入讀美國寄宿學校，而他們一般會在七年級（Grade 7）的春季學期開始籌備。兩年時間的準備看似充足，然而，申請、面試和學校探訪等，通常都在同年秋季、即八年級（Grade 8）發生。換言之，學生實際只有數個月時間去準備和**建立自己的獨有形象**。

要入讀美國寄宿學校，及早規劃和準備才是上上之策。愈早開始籌備，便愈能充分掌握學校招生過程和競爭實況，並了解不同學校對自己的利弊。在前期的準備階段中，學生須了解自己的強項和弱項，並有足夠時間去克服弱點，發揮自己最大的優勢。

及早開始，切勿臨急抱佛腳。經驗所得，學生在申請寄宿學校的兩年前開始計劃和籌備會比較有利。因此，若學生計劃在八年級（Grade 8）入讀寄宿學校的話，最理想是從六年級（Grade 6）的冬末至初春開始準備、策劃自己的形象。

1.1 以 3 項準備度指標評估個人能力

美國寄宿學校的競爭相當激烈，在考慮入讀寄宿學校前，學生必須問自己，是否已經準備就緒。只有在資格和技能上準備充足的學生，才能擁有被錄取的機會，邁向璀璨的未來；沒有準備好的，則可能會面對申請失敗。要評估自己是否已經準備就緒迎接寄宿學校的挑戰，可以使用 3 個準備度指標（Readiness Indicators）── **學習、社交及心理能力**和**課外活動**。

 ## 1. 學習準備

美國寄宿學校又被稱為大學準備學校（College preparatory institutions），因此，**學習準備度（Academic Readiness）**是申請入讀寄宿學校最重要的起點。學習準備度指標並非單指學生在文學和微積分等科目上取得優良成績，還包括適應不同學習環境的能力。在寄宿學校表現出色的學生，往往都是求知欲強、思想開放的一群。

美國寄宿學校的學習模式是建基於蘇格拉底教學法（Socratic Method），學生在課堂上會互相對話和辯論；而「哈克尼斯教學法」（The Harkness method）著重在討論中互相學習、自主思考及培養批判性思維，是大多數美國寄宿學校的最大特色。「哈克尼斯教學

法」適合具有出色溝通技巧、主動表達自己想法,並懂得聆聽同輩觀點的學生。

美國寄宿學校積極培養學生的批判性思考能力,引導學生將訊息組合、概念化(conceptualize),並加以綜合分析。這種教育方式或許與其他地區的模式大不相同,對於習慣了在不鼓勵發問、不重視分享觀點等被動教育模式下學習的學生,一般需要時間適應及支援,才能過渡到美國寄宿學校。普遍而言,外向、樂觀、思維較開放的學生在寄宿學校的表現往往比文靜內向的學生優勝。

學生可以利用學習準備度指標評估自己是否已經準備好在美國寄宿學校學習,當中包括**英語能力**和**學業成績**兩項指標:

英語宜接近母語水平

英語能力包括說話、理解和寫作能力,是在美國寄宿學校學習的基礎。英語不佳的學生會在日常課堂上遇到挑戰,同時需要花大量時間在功課上,除了影響學習外,亦失去與其他同學交流的機會,更會影響他們對居住環境以至整體寄宿生活的適應力。

報考美國寄宿學校的學生應有接近母語的英文能力。有些就讀國際學校的學生,所有課程(中文╱外語除外)均以英語授課;有些學生可能只以英語學習某些科目、或部分課時以英語上課;至於就讀

本地學校的學生或較少接受英語教學，應及早準備，主動在校外補習，提升自己的英語能力。

學生的英語能力會間接影響他們對美國寄宿學校的選擇。部分寄宿學校會為英語為非母語，或英語水平不足的學生提供英語學習課程。如果學生的英語能力不足，有提供英語學習支援課程的寄宿學校或許是他們最優先的選擇。

非名校生宜附交學校概覽

經過多年招生和錄取經驗，多數美國寄宿學校的招生官都相當熟悉國際城市的名校，也了解這些學校的課程內容和其學生的英語能力。

從申請前兩年開始部署 ▶

因此，招生官就能更有效評估來自同一所學校的學生是否有能力過渡到其寄宿學校。

至於來自非名校的申請學生，則需要提供更多資料，讓招生官更了解他們的學校。除了推薦信和成績表外，學生也應提供「學校概覽」（School Profile），概述該校的課程內容、評分準則、學生組織和學生成績，讓招生官更能了解你的學校及個人能力。

校內成績應與公開試一致

學業成績是美國寄宿學校收生的重要參考指標。寄宿學校的招生官面對的最大挑戰是：如何選出「最有可能」成功的學生。要挑選出

合適的學生並非容易，但正如美國著名作家馬克·吐溫曾說：「過去的行為是預測未來行為的最好指標。」（The best predictor of future behavior is past behavior.）寄宿學校會參考申請學生以往的學業表現或現就讀學校的等級報告，從而預測學生未來在該校能達到怎樣的學術成績。如招生官認為申請學生未能達到學校的成績要求，他們將不會考慮讓該學生進入下一輪錄取程序。

一般要求兩年校內成績表

大部分寄宿學校會要求申請學生提交兩年的成績表。例如一名八年級學生申請入讀九年級，他需要在申請時提交六年級和七年級的成績表，並需要在八年級上學期結束後盡快提交該學期的成績表。申請學生也可邀請教導自己的老師撰寫保密的推薦信，以便寄宿學校更了解一些關於該學生在課堂上的表現、強項、弱項和潛力。

此外，有些學生會花大量時間準備如美國中學入學考試（SSAT）等標準化考試（Standardized Test），他們認為在標準化考試考獲高分便可以讓自己進入一流寄宿學校，這是被誤導了！其實，SSAT 只是申請入學程序的其中一部分。在 SSAT 考獲高分但校內成績一般的學生，由於其得分差異大，或會惹來招生官質疑其真正的學術水平：SSAT 的高分是操練得來，而非學生的真材實料？又或是學生只顧備考 SSAT，而忽視平日學校表現？這兩種情況對大部分申請學生來說都是不利！

校內和公開試成績一致，才具參考價值。對寄宿學校來說，學生校內的學業成績比 SSAT 分數更重要。寄宿學校要招收的，是能夠在校內課堂上表現優異、展現對學術的好奇心、願意挑戰自我，並在 SSAT 表現理想的學生。

TOEFL+SSAT 兩者並重

寄宿學校對**標準化考試**的要求各異，大多數寄宿學校會要求國際學生應考美國中學入學考試（SSAT）和／或托福（TOEFL），部分學校會接受私立學校入學考試（ISEE）的成績。不過標準化考試的分數從來不是寄宿學校收生的先決條件，寄宿學校招生考慮多個因素，而這些因素將會在本書其他章節內詳細討論。然而，由於標準化考試是大多數美國寄宿學校申請程序的一部分，所以學生最好及早開始了解不同的標準化考試。

SSAT 著眼批判性思維

幾乎所有美國寄宿學校都會要求考生應考 SSAT。由於寄宿學校會公布被錄取學生的平均 SSAT 成績，因此，報讀學生也必須達到這標準。當然也要記住，在 SSAT 考獲高分亦只是被錄取的其中一個因素。

24

SSAT 分四部分：**數學、英文詞彙、閱讀理解**和**限時作文**。亞洲學生普遍在數學考試中表現優秀，不少更會獲得滿分。學生優異的數學成績固然會備受肯定，但美國寄宿學校更著眼於英文詞彙、閱讀理解和限時作文。

英文詞彙考試著重於詞彙與單字應用的關係，學生能容易透過練習獲得進步。閱讀理解不僅旨在測試閱讀和理解書面英語的能力，還測試學生能否批判性閱讀（Critical Reading），能夠解讀文章的真實意思。這部分較難透過操練取得進步，因此一般被認為是檢視學習準備度的可靠指標。

限時作文為 25 分鐘，學生可於兩道寫作題目中選一道回答。SSAT 的作文成績不作評分，但 SSAT 會把學生的文章發給其報考的學校。學校會直接閱讀作文以評估學生的寫作能力，並與該學生提交的其他申請文件作比較。

綜上所述，由於閱讀理解和限時作文較難透過短期練習而取得進步，因此及早準備才是關鍵。坊間不少教育中心有提供 SSAT 課程，協助學生了解考試流程及部署考試策略。

TOEFL 評估英語能力

由於每名國際學生的英語程度各不相同，美國寄宿學校需要評估學生能否在全英語環境下學習。如果學生在申請前兩年並非就讀以英語為主要教學語言的學校，寄宿學校一般會要求學生應考 TOEFL，有些學校也會接受雅思（IELTS）成績。有些學校會在其網站公布 TOEFL 的最低成績要求，並要求學生先提交 TOEFL 考試成績證明，之後才會邀請學生到校參觀和面試。

即使學生已達到 TOEFL 成績要求，但也未必足以應付美國寄宿學校的學習，無法理解教學內容和教師的講解。因此，你需要問自己：

- *我能閱讀並領會大多數英語課本（English texts）的文意嗎？*
- *我能否在合理時間內讀畢並理解英語文本嗎？*
- *我是否有足夠的英語寫作和說話能力，並理解英語語法規則的細微差別？*
- *我能否在課堂上用英語自在交談、表達自己的觀點，或在討論中提出自己的意見？*
- *我能否充分掌握英語詞彙和實用語言（functional language），例如給予意見、道歉？*
- *我能否聽懂全英語授課的內容？*

英語能力較差　宜選 ESL ∕ ELL 學校

若你沒有信心做到以上要求，需要考慮找方法提高英語水平，以及要把選校目標放到設有以英語為第二語言的課程（English as a second or foreign language, ESL Programs）或 英 語 學 員（English Language Learners, ELL Programs）課程的寄宿學校，這些課程更適合非英語為母語的學生。

有些家長不願意讓孩子學習 ESL 或 ELL 課程，他們認為學生在寄宿學校生活後，英語水平就會自然提高。然而，時間證明，由於學生缺乏必需的英語基礎，他們會感到困難重重。在缺乏 ESL 或 ELL 等英語支援學習的情況下，英語程度不足的問題只會像雪球愈滾愈大。如果某學生在九年級的初級英語考試（Freshman English）只能勉強考獲 C，隨著每年升班，課程日漸艱深，升上十一年級的時候，英文成績便很有可能不及格，影響大學的選科出路。

因此，大多數國際學生會花一兩年時間在 ESL 或 ELL 等英語支援課程上學習，完成後才會進入寄宿學校的主流班別。只有在合適程度的英語環境學習，才能確實改善英語水平，並在寄宿學校茁壯成長。

總括而言，大多數寄宿學校的申請者都是校內成績優異、在標準化考試取得高分，以及有良好英語能力。如果學生在以上 3 個學習準備度指標都有好表現，就能證明自己已經在學業上準備好入讀美國寄宿學校了。

2. 社交及心理能力準備

即使是在學術上準備最充足及成績最優秀的學生，在過渡到美國寄宿學校時，也會感到巨大壓力！新國家、新學校、新學習模式、新朋友、新文化、新生活方式……一切都是新的！這時候，學生的**社交及心理能力準備度**（Social and Emotional Readiness）就是關鍵。因此，你在申請寄宿學校前，要問問自己：

> 「我曾成功克服挑戰嗎？當時的經驗及技巧能夠助我適應日後在寄宿學校所面對的挑戰嗎？」
> 「我能夠管理好自己的時間，做出理智的決定嗎？」

學生在寄宿學校裡會與老師、同儕和指導教師一起上課、一起在寄宿學校的社區內生活。寄宿學校就如一個大家庭，舍監是家長，較年長的學生可能擔任兄姐的角色，而低年級的學生就是弟妹。

有獨立生活經歷　較有優勢

話雖如此，但學生需要在離家千里的國家生活，沒有父母的照顧，也不容易，因此，學生須學會獨立生活。那些曾參加暑期活動或交流項目、具備獨立處事經歷的學生往往更容易應付寄宿學校生活的挑戰。值得注意的是，雖然寄宿學校能培訓學生的獨立意識，但學校也傾向招收能獨立生活的學生。

寄宿學校也會考慮學生是否尊重文化差異。雖然多數寄宿學校的學生都是本地美國人，但在全球化浪潮下，寄宿學校已成為一個多樣化世界的寫照。學生若想成功被錄取，不僅要調節自己以適應美國的生活和飲食文化，更要願意接受許多不同的文化洗禮，身體力行地體驗美國寄宿學校的多元文化。

要判斷一個學生是否已經做好社交和心理準備，並不像閱讀一份學校成績表或一份考試報告那麼容易。招生官會在整個申請過程中詳細評估，包括透過檢視推薦信、申請學生的文章等，也會在面試中問及過去暑期活動或學校旅行等經歷，從中了解學生如何克服障礙，表現其堅韌和靈活性。由於社交及心理準備度沒有既定的量化指標，因此學生也要想辦法透過分享自己的經歷，讓招生官知道自己已經在社交和心理上準備好入讀寄宿學校。

3. 課外活動準備

美國寄宿學校擁有豐富的資源、課程和設施，提供多元化的活動及學習體驗。對於大多數學生來說，不管他們來自哪裡，美國寄宿學校一定能為他們帶來新挑戰和機遇。**課外活動準備度（Extra-Curricular Readiness）**是指學生是否已經準備好在課堂以外的活動中有所表現。

寄宿學校希望招收願意接受新體驗的學生，例如嘗試一項新運動、在課堂上大膽發言、參加一個新學會、或者與陌生的同學一起用膳等。

本節所提及的 3 項準備度指標，可以助你清楚了解自己是否已經在不同層面均準備好入讀美國寄宿學校，你也應該在申請過程中，將這些準備展現給寄宿學校及招生官。若你已經充分認清個人優點，並認為自己具備適合的特質、品格和技能，那麼我們就繼續了解如何計劃申請美國寄宿學校吧！

1.2 建立個人獨有形象

試試把美國寄宿學校想像成沃爾瑪（Walmart）和塔吉特（Target）等大型超市，內裡擺放了琳瑯滿目的品牌和商品。超市要吸引顧客，就需要採購不同的產品放在貨架上；同樣地，寄宿學校也希望自己的學校更具吸引力，因此期望招收很多與眾不同的優秀學生，並且確保這些「產品」能令這所學校更有魅力。

我們將寄宿學校比喻成超市、招生官為採購員、學生是品牌或商品，是希望傳達一個訊息：**美國寄宿學校一直在尋找那些真正與眾不同的學生，希望學生加入後能為學校帶來影響力。**你必須讓自己成為在招生官眼中與別不同的學生，才能在眾多申請者中脫穎而出。

- *我有甚麼特別之處？*
- *如何讓別人記住我？*
- *我能為學校做些甚麼？*

建立個人形象包括兩部分：找準個人定位及推廣個人形象。這兩部分各自有不少步驟，而「及早開始」仍然是第一步的關鍵。

發掘「X特點」

個人形象與課外活動準備度息息相關。在建立個人形象時，你應該嘗試尋找和培養自己獨特的「X特點」（X-Factor）。「X特點」是能夠凸顯你與別不同的任何活動或興趣，也是寄宿學校重視的活動，例如體育、STEM（科學、技術、工程和數學），甚至寫作、視覺藝術、戲劇、音樂等等。

「X特點」是申請美國寄宿學校的必需品，因為寄宿學校希望發掘能夠為校園以至未來世界帶來正面影響的學生。擁有「X特點」的學生可以鼓勵其他人一起參與課堂或課外活動，從而建立共同協作和朋輩的意識。透過發展個人「X特點」，學生也能塑造良好的個人形象，這些學生大有機會被寄宿學校錄取，在將來申請大學時也會佔優。

從申請前兩年開始部署 ▶

⊙ 第一步：找準定位

第一步是**找準個人定位**。要做到這一點，學生必須明確知道他們的目標 —— 向寄宿學校證明自己是合格的申請者、能夠跟上課堂進度，並能夠為學校及同學帶來正面影響。要吸引寄宿學校，學生需要展示個人特質、天賦和熱情，以及擁有適應力和樂觀的態度去體驗新生活。此外，為了形象的真實性，所有資料必須真確無誤。

你希望別人怎麼看你？

一個商人會問自己為甚麼想創業、開始一盤生意，又想實現甚麼目標。他可能也會問自己：我的生意與同行及其產品又有甚麼不同？同樣地，當學生要建立自己的個人形象時，也必須思考這些問題：

- 為甚麼我想入讀美國寄宿學校？
- 我希望在美國寄宿學校實現甚麼目標？
- 我有甚麼「X特點」？

想想你的形象。你有甚麼與眾不同的特質？你在數理科目擁有天賦？你是能夠演奏小眾樂器如雙簧管和低音大提琴的天才音樂家？又或你是優秀的運動員或辯論隊隊長？

寄宿學校希望網羅在不同領域表現優秀的學生為學校爭光。例如招收運動員加入校隊參加競賽、理科生代表學校參加機械人比賽、表演者加入學校管弦樂團……這些學生都有自己的形象：天才運動員、未來科學家或優秀音樂家。部分學生可能會同時在不同範疇都表現出眾，例如學術成績優秀＋籃球隊的明星球員＋社區服務團體的領袖。

發展你的「X特點」

美國寄宿學校積極發掘擁有不同興趣、技能、背景和經驗的學生，因此學校在招生過程中會花大量時間評估申請學生的「X特點」。你可

以把這過程看作「產品開發」，即研究和開發「**你**」這件產品！

「及早開始」的原則能為產品開發帶來最大收益。你可以先研究，了解哪些項目是美國寄宿學校最常見的「X 特點」（以下會列出 7 個常見的「X 特點」），之後再如實地評估個人在這些領域上的興趣、技能、背景和經驗，就能知己知彼。

下一步，若你已經找到自己喜歡的「X 特點」，應制訂發展策略；對於你仍未得心應手的領域，亦應制訂計劃，努力改善。

1. 好奇學術、擁有熱情

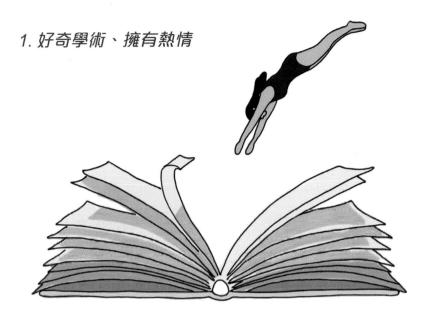

寄宿學校欣賞對學術擁有熱情和充滿好奇心的學生。寄宿學校期望學生能主動探索課本以外的知識，並在課堂中帶動發問與討論，讓所有學生也能從中學習更多。這些好奇和熱情的學生，能為學校帶來活力和學習的能量。

所有寄宿學校的課程都是大同小異：英語、數學、歷史、科學和一門外語，當中涉獵不同課題及選修課，一些大型寄宿學校更有數百門課程。如果寄宿學校是一間大型超市，在標有「好奇學術、擁有熱情」的通道內，貨架上會有著擅長不同學科、不同課題的學生。

你對哪些專業學術範疇擁有熱情？你對歷史感興趣，並閱讀了大量相關書籍嗎？或許你特別對第二次世界大戰感興趣，能不費吹灰之力說出這段時期的歷史？你是一個對寫作和時事充滿熱情的學生嗎？或許

你曾為校報撰寫文章？或者在過去幾年裡，你成為了學校模擬聯合國（MUN）的成員？你喜歡在空閒時間學習 Python 和 Scratch 等程式語言嗎？或是你相當渴望參加機械人競賽？

及早開始

找出你的興趣並努力培養，這樣你才能在申請過程時展現出來。別只學習你擅長的學科，也要探索其他學科，學習不同課題。在申請寄宿學校之前的數年，你可以試著在暑期課程、網上學習或獨立的研究計劃內學習新領域的學科知識。主動探索現時學校未教導的知識，能展示你的學術好奇心和熱情，令你表現得與眾不同。當然，寄宿學校除了考慮學生的熱情外，也會評估其能力。

2. 體育專長

大多數美國寄宿學校會強制要求學生內參加體育運動。例如有些學校會在秋季、冬季和春季安排學生參與不同的運動，有些學校則會要

求學生每年參加一項團體運動，亦有些學校會在午間時段安排活動（afternoon activity），例如運動、戲劇或不同形式的課外活動。因此，在你的形象定位中，擁有運動專長是有一定優勢。或許有些學生擁有較少運動專長，又或者美國寄宿學校未能安排學生參與其擅長的運動項目，但大多數寄宿學校都期望學生有些體育專長。

我們繼續以大型超市的比喻說明美國寄宿學校的招生情況。在大型超市的運動器材區，你可以找到適合中級選手的網球拍、專業級網球拍，也可以找到足球、游泳和其他運動的器材。若你需要專業級網球拍、或是網球校隊的一分子、又或參加校外的網球團隊，網球便很大機會成為你個人形象的「Ｘ特點」。你可以在申請過程中向寄宿學校分享自己參加夏令營提升網球技術、或參加比賽並取得獎項等經驗。

一間超市除了售賣頂級器材，也有賣其他價位和品質的運動設備。例如有學生曾有踢足球的經驗，但從來沒有參加過正式的足球隊，若他想將來在寄宿學校繼續踢球，這名學生僅屬於「中檔質素」，因為足球不算是他一個很強的「Ｘ特點」。

合適（Fit）是「體育Ｘ特點」的重要原則，因為一家超市不可能將所有品牌上架，你必須確定自己適合該間超市的定位。例如某學生的「Ｘ特點」是游泳，但他報考的寄宿學校沒有很強的游泳隊，這名學生的形象價值就不太符合這間寄宿學校的取向了。

從申請前兩年開始部署 ▶

及早了解美國寄宿學校的運動項目可以助你建立更適合及具吸引力的個人形象。如果你要將體育成為「X特點」或形象的一部分，你可以：

1. **成為「學生運動員」**（student-athlete）。你要證明自己能在課堂內外皆有所貢獻，並在某項運動有著已被認可的非凡實力，而這項運動亦符合寄宿學校的取向。你優秀的體育實力便能凸顯你的與其他學生不同。

2. **加入校隊。**由於大多數寄宿學校都強制要求學生參加體育運動，學校為照顧學生的實力差異，會安排不同級別的運動機會。校隊（Varsity）主要由傑出運動員組成，這些學生通常以該運動項目為自己的「X特點」。至於初級校隊（Junior Varsity/J.V. teams）則由年輕學生組成，他們會不斷提高自己的實力，在幾年後就會接替成為校隊新星。無論隊伍實力如何，他們通常每週訓練5至6次，並會與其他寄宿學校的隊伍進行比賽。

及早開始

你應及早了解目標學校提供甚麼體育項目。嘗試不同類型的運動後，你就可以發現自己喜歡的，之後應進一步探索、努力學習當中的技巧，甚至參加比賽，積極為自己計劃將來能在寄宿學校作出甚麼貢獻。如果能至少參加一項隊際運動如足球會更理想。

圖表 1.1　美國寄宿學校的運動項目

秋季	冬季	春季
足球	籃球	長曲棍球
越野跑	游泳	田徑
水球	滑雪	賽艇
美式足球 *	室內田徑	網球
排球 #	壁球	高爾夫球
曲棍球 #	冰上曲棍球	棒球 *
	摔跤 *	壘球 #

* 僅限男生　　　# 僅限女生　　　　　註：可提供的運動項目因學校、季節和地點而異。

除了游泳、足球和網球等常見運動外，近年美國寄宿學校也開辦另類運動項目，如賽艇、長曲棍球，以及僅供女生參加的曲棍球等。很多美國以外的學校不把體育作為課程的一部分，因此學生應積極尋找校外訓練資源。若學生未能在家附近獲得訓練資源，可考慮參加運動夏令營。

3. 藝術專才

大多數美國寄宿學校要求學生最少學習一個藝術課程,而「藝術」一詞的涵義相當廣泛,視覺藝術、戲劇、音樂、電影製作、傢俬設計和時裝設計等均包括在內。很多有才華的藝術學生都會申請入讀寄宿學校,如果你是其中一員,那麼藝術天賦就是你的「X 特點」和形象的一部分。

在報考寄宿學校時,你需要將自己製作的影片或作品集交給該校的藝術系主任進行評估。就像天才運動員一樣,學校希望招收能為學校貢獻最多的學生,有些學生可能花了不少努力在美國寄宿學校不太常見、或對學校貢獻不多的藝術活動。例如,很多學生擁有精湛的鋼琴技術,但除了在私人鋼琴課外,他們較難為學校貢獻。

及早開始

如果你喜歡或擅長的藝術項目與目標學校一致，就是最佳結果。在準備的初期，你可先看看寄宿學校有否提供你感興趣的藝術課程：有開辦你喜歡的油畫或建築課程？能夠給予你參與舞台及劇場佈景設計的機會？你應否繼續提升自己的鋼琴技巧，或是轉拉中提琴？及早開始計劃才能讓你有時間提升自己的才藝和發展其他才能。

4. 積極參加學會

每名學生都有不同的喜好，志趣相投的學生會自發在學校組織學會。由於學會並非直接由學校舉辦，參與現時學校的學會能讓你展示對特定領域的興趣、展現你的合作能力，有時學會還能提供寶貴的領袖機會，也是建立個人形象的好方法。

及早開始

現時在校內的活躍程度是衡量未來校內活躍度的指標。現時多參加學會和活動的學生，未來在寄宿學校很有可能會持續積極活躍。

每間學校有不同的學會，建議學生可以參加個人感興趣的學會。有些學校沒有組織太多學會，學生未必能從中找到自己感興趣的，甚至有些學校沒有組織任何學會，建議這些學生可尋找校外的資源以探索潛在的「X 特點」。

5. 社會服務

大多數寄宿學校都希望回饋社區，有些學校會要求學生參與校內外的社區服務活動。很多家長和學生都知道社區服務可以成為個人形象的重要資產，因此他們想方設法成為義工，例如參加「一次性」的社區服務，這樣他們便可以在申請表上勾選「曾參加社區服務活動」。

申請寄宿學校的學生年齡介乎 12 至 15 歲，招生官明白這些學生一般沒有太多獨立服務社區的機會，因此，社區服務只應屬於學生形象的一部分，而非全部，也要名副其實，學生不應誇大自己的參與程度。學生可以向招生官說出自己參與社區服務的經歷，更要表達自己曾參與其中，並真正感受到當中的趣味及意義所在。

當計劃參加社區服務活動時，學生應該考慮自身的興趣，例如非常擅長電腦的學生可以嘗試教社區的長者使用電腦，對音樂感興趣的學生可以教弱勢社區的兒童彈奏樂器，或者在慈善活動中擔任演奏樂器的義工。

及早開始

首先，要找到讓年輕人擔任義工的社區組織。之後，學生應投放時間持續參與社區活動，這比只參與「一次性」活動更理想。透過持續積極參與，學生可以了解社區組織的運作，也可以培養領導才能，並與他們的受助人建立緊密關係。而最有意義的社區服務項目，是能夠令學生關注及嘗試解決一些社會或社區議題。

6. 領導能力

在很多學校的眼中，有領導能力的學生是相當具吸引力。雖然初中生一般有較少機會在校內領導別人，但也必須知道領袖的標準，並以此為目標，日後爭取成為班會主席、學科代表以至運動隊隊長等等。這些年紀較小的學生可能意識到他們需要到校外尋找擔當領袖的機會，例如透過自行組織社區服務活動或推薦其他學生加入社區組織。

並非每個人都能夠、應該或必須成為領袖，畢竟領袖下還有一群「追隨者」，為達到共同的目標而一起努力。能證明自己曾參與各類活動和加入不同學會的學生，也具有一定形象價值。

及早開始

在大部分情況下，領導能力是通過實踐而磨練出來的，學生可以在早期透過領導小型團體來訓練。自信是領導能力的重要元素，學生可以透過參加說話技巧課程和公開演講的活動建立自信。父母也可以讓孩子跳出舒適圈，這對培養領導技能至關重要。

「失敗乃成功之母」，自信心並非與生俱來的特質。很多國際學生已經證明了他們有能力克服轉校、適應新文化等挑戰，這類經驗對於建立個人信心是相當寶貴的。

7. 獎項及成就

寄宿學校的申請表上通常有「曾獲得的獎項、認可資格及成就」（awards, recognitions, and achievements）的欄目。由於欄位通常不大，而大多數學校只對學生過去幾年的成就感興趣，因此學生不應把從小獲得的每一個獎項或證書都填寫在內。如填寫的資料多於所需即代表你沒有遵守指示，另外提供不合時或不相關的資訊也會產生「雜訊」，分散了招生官閱讀申請表時的注意力。

學生應按重要性、時間順序或主題來列出自己所獲的成就。例如，一名藝術學生可按時間順序列出他過往所有得獎，以強而有力地的方式向招生官傳傳遞藝術是他的形象或「X 特點」的重要訊息。若按重要

性排序，最好先列出較重要的成就，例如學術榮譽或者國家運動員頭銜，之後才是較小的成就，例如在小型比賽中獲得第五名。

及早開始

要在每一個領域達到熟練程度並獲得認可，是需要大量時間。及早了解獲獎的標準，並視之為目標。發掘你的興趣和強項（在「超市」裡有售的類別），持續訓練並參加比賽。例如，先從本地寫作或辯論比賽等小型比賽著手，建立自信和提高被認可的機會後，才參加世界學者杯（World Scholar's Cup）及國際比賽。

參加過大大小小比賽後，可以將參與及得獎記錄整理成一份簡歷，當你要填寫寄宿學校的申請表時，你就可以輕鬆參考這份簡歷填寫獲獎和成就。

站在顧客的立場思考

在建立形象時，學生應代入顧客的角度思考。你為甚麼要買這件產品？有甚麼原因令你選擇購買這個品牌？一個成功的品牌會知道顧客的需要，並努力讓自己的產品滿足客人。回到超市的比喻，寄宿學校就是你的顧客，學校希望在貨架上擺滿各式各樣的產品，你要向學校銷售的就是「**你**」，你要告訴寄宿學校，你的強項和興趣適合它的貨架。

從申請前兩年開始部署 ▶

重溫本章開首提出的 3 個問題，有助你以顧客的角度思考：

- 為甚麼我想入讀美國寄宿學校？
- 我希望在美國寄宿學校實現甚麼目標？
- 我的形象有甚麼「X特點」？

為甚麼我想入讀美國寄宿學校？

小小年紀離家去另一個國家生活、入讀寄宿學校，並非容易。學生在入讀寄宿學校後會面對很多挑戰，包括學業和住宿，既要管理自己的時間表，又要應付思鄉病。

學生的形象定位要明確說明為甚麼自己想入讀寄宿學校。這是誰的決定？因為父母或兄弟姐妹上過寄宿學校，你只是遵循家庭傳統？你是怎樣下定決心報考寄宿學校？有些學生認為美國寄宿學校會提供他們目前學校沒有開辦的課程、有些學生則認為美國學校的教學方式更適合個人學習風格……不管是甚麼原因，學生都需要清晰地向招生官解釋申請寄宿學校的原因，而這個決定必須經過深思熟慮，而非草率為之。

我希望在美國寄宿學校實現甚麼目標？

很多學生會說，入讀美國寄宿學校是為了將來升讀美國大學鋪路。雖然招生官清楚理解這一點，但還是希望探究學生背後的申請動機。例如你想學習高級生物化學？你想學習成為一個更優秀的作家或辯論家？你想提升自己的演技？還是想學習一種新樂器？

簡單而言，寄宿學校希望錄取個人目標與學校辦學理念一致的學生。學校不會預期學生能夠說出自己的大學或事業規劃，但期望他們能表達自己希望在寄宿學校實現甚麼目標和抱負。

我的形象有甚麼「X特點」？

所有報考美國寄宿學校的學生都應已證明自己做好了學業、社交及心理能力、課外活動準備，至於能否被錄取的關鍵便在於如何突圍而出。你的「X特點」是甚麼？你能在寄宿學校發揮多大的影響力？你又如何向顧客介紹自己呢？

寄宿學校的辦學理念各異，會重視不同的「X特點」。例如，某間學校在一個新機械人項目投資了數百萬美元，該校就會較重視以發展機械人技術為「X特點」的學生。其他學校也有個別的專門範疇，就會傾向錄取擁有相關「X特點」的學生。

熟悉不同寄宿學校的課程和文化是很重要的，這樣你才知道如何展現你的形象和「X特點」。若你想報考一間重視體育運動的學校，你應如何展示你的運動經驗？若你想入讀一間特別重視社區服務的學校，你又應該如何重點介紹相關的個人經驗？因此，資料搜集和學校探訪絕對有助你認清學校的定位，並找出與你的形象和「X特點」所匹配的學校。

建立忠誠度

建立忠誠度對於任何成功的企業都是至關重要的。當你建立好自己的形象，便需要建立自己的網絡。在申請寄宿學校的過程中，你的支持者就是相信你並願意推薦你的人士。

父母

父母永遠是你最忠實的支持者，他們鼓勵你建立形象，陪同你前往美國寄宿學校探訪，也會在家長面試及家長文書中幫助推廣你的形象（稍後章節會再說明）。

老師

老師是建立忠誠度的絕佳來源。由於老師比你的父母更客觀，也對你的形象有親身體會，因此招生官更重視老師的推薦。老師的推薦信有如顧客評論，他們會撰寫學生的特質和分享雙方相處的經歷。一則好的評論或推薦，可以為招生官提供資訊，讓他考慮是否錄取你。

要建立老師對你的支持及忠誠度，令老師願意為你撰寫一封推薦信，是需要時間培養的。在課堂上較積極的學生會相對容易在老師心中建立形象忠誠度；其他學生可透過家長會和成績表上的評價了解自己在老師心中的大約評價後，再想想如何爭取「支持」。例如老師評價學生的課堂參與度不足、遲交功課、不仔細檢查功課等，只要學生意識到這些弱點，就可以及時改正，改善老師和學生之間的關係。

教練

教練是建立形象忠誠度的另一個絕佳來源。很多教練都對學生有一定的了解，他可以告訴招生官你在多年來的學習和成長經歷，也可以道出你在面臨考驗時有甚麼表現。這對於寄宿學校來說是一項重要的參考，有助判斷你的形象的穩定性和適應力。

興趣班導師

如果你已發展「X特點」一段長時間，相信你的音樂、美術等興趣班的導師也可以成為你的支持者！導師可以比較同齡層其他學生的成績，評價你的技能和表現，向招生官提供中立和具參考價值的專業意見。

社區組織

參與社區組織如教會或非牟利團體等，也是另一個推廣自己的途徑。這些「支持者」可以提供不同類型的推薦信，例如志願組織或青年團體的領袖可以個人身分推薦，證明你曾積極參與社區活動。

(A+) 第二步：突出個人優勢

每年有很多聰明的學生報讀寄宿學校，經過第一部分，相信你已經在 3 大方面準備充足，成為這群申請者的一份子，並制訂了一個清晰的定位、建立忠誠度基礎。下一步就要推廣你的形象。

並非所有學生都能有效地向寄宿學校推廣自己的形象，如果沒有一個好的行銷策略，學生可能會發現很難向招生官傳達出自己的價值、未來能夠如何貢獻學校。

評估你的「X特點」並**制訂行銷策略**。你有否一些特質或「X特點」可以為學校帶來正面影響？你是否有幾項「X特點」，能讓你在不同領域傳遞自己的價值？制訂推銷自己的計劃，是讓你在芸芸申請者

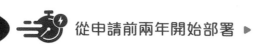

中脫穎而出的關鍵。請記住，推廣形象的所有重點都是關乎如何**突出自己**。

社交媒體是把雙面刃

申請美國寄宿學校時，學生可以隨申請表附上多媒體資料。現時大多數人都使用社交媒體，你可以使用社交媒體作為行銷策略的一部分！你可以按照自己的「X特點」設計行銷策略，例如在 IG 上載一張你在籌備學校戲劇的照片，或者在 YouTube 上發布一段你正在演奏樂器或做運動的影片。定期在個人 YouTube 頻道或網誌分享自己的經驗，有助推廣自己的形象。

謹記，你的**社交媒體**是一把雙面刃，它代表著你的形象，這同時也讓寄宿學校隨時看到你發布的所有東西，因此要記得保持形象。

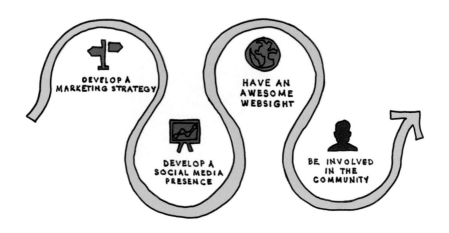

個人網站　讓人一眼看清你

對於某些品牌形象來說，美觀的網站是有效行銷的一部分，市面上有很多免費的網站建設平台可供學生使用。例如你的「X特點」是藝術，你可以將自己的作品集上載至個人網站；若寫作是你的「X特點」，你可以上載所有作品、詩歌，或已發表過的文章，這樣就能讓招生官一次過了解你的才華。

若你懂得設計和建立自己的網站，不要吝嗇，把網站設計的技能成為你的「X特點」吧！

對外宣傳自己　收集意見

推廣你的形象，重點是走出你的舒適圈，讓人認識你！如果你的「X特點」涉及體育項目，不妨參加運動比賽。如果你是音樂學生，參與學校或社區的青年管弦樂團吧。如果你的「X特點」是文筆流暢，你可以參加寫作比賽，或者向校報投稿。

透過參與這些活動，你能夠將自己的形象推廣開去，並能夠收到其他人、同行和專業人士的反饋和意見，繼而提高自己的水平。

1.3 開展家校合作關係

想要讓寄宿學校認識自己的形象，你需要開始**與學校建立關係**。這個關係是雙向的，寄宿學校需要時間了解學生的特質，看看學生是否適合在該校學習；學生也應花時間了解、甚至在學校體驗，看看學校是否適合自己。很多家長只透過約 2 個小時的校園參觀、網上或朋友身上得來的資訊，便決定子女報讀哪間寄宿學校。可是，要建立一段有意義的關係，雙方都需要花時間和心思，才能互相深入了解。

 ## 初步探訪學校
建議夏季進行

對於未曾接觸過美國寄宿學校的學生和家長來說，這個漫長的申請過程可能令人不知所措。**初步探訪**（Preliminary Visits）是讓學生和寄宿學校彼此了解的起點。學生在這段時間應該參觀大大小小、不同競爭力、位處市中心、或位於偏遠鄉郊的學校。參觀不同學校能有助家長了解美國寄宿學校的深度和廣度。與此同時，學生也可以研究哪些學校的課程與個人的「X特點」相關。

一般而言，大多數學校會在 10 月和 11 月為應屆報考的學生安排學校探訪，因此年紀較輕的學生或被拒在秋季高峰期到學校探訪。記住，當你的孩子是應屆申請學生時，你一定會感激學校這個決定。

學生導遊或非在校學生

有些學校歡迎家長及學生到校參觀，初步學校探訪通常會包括學校導賞團，但不包括與招生官正式會面。初次探訪的最佳時機應該是農曆新年、春季學期末（4 月 10 日後）及夏季。若選擇在夏季到訪學校，由於學校正值暑假，學生不在校內，探訪的體驗會與學年期間的探訪

相當不同；如果學校安排了學生導遊，這些學生可能只是當地日校的學生，或參加了寄宿學校暑期項目的學生，並非實際在該寄宿學校就讀的學生。

雖然有上述局限，夏季仍是初步探訪學校的最佳時機。對於並非100%願意入讀寄宿學校的學生來說，初次參觀校園可以讓他們更清楚了解寄宿學校的生活是怎麼回事，早一點步入校園，可以讓學生開始想像自己在這特定的學校環境之中學習和生活，令他們獲得更多動力和變得更自信。

在計劃初步探訪前，學生必須於網上註冊，在學校的入學頁面填寫個人資料、興趣和活動問卷等，然後才預約探訪。網上註冊的另一項重點是，你的資料需要在寄宿學校存檔後，才能收到日後參與本地講座及活動的邀請。

謹記，初步探訪只是讓學生和學校開始互相了解的階段，家長和學生不應在初步探訪後，就確定最終的學校名單。

本地升學講座　以 60 秒推銷自己

很多美國寄宿學校會在每年9月至12月初在世界各地不同城市舉辦**升學講座**（Local receptions），大部分學校會在網站公布時間表。升學講座可以讓國際學生在前往美國之前，毋須親身到學校探訪，也可以開始與學校建立關係。

升學講座通常由學校與該城市的家長或校友小組合作舉辦，並在酒店或活動中心舉行，而一些較小型的講座則可能在主辦人的家裡舉行。通常只有事前在學校資料庫內登記的學生才會收到邀請，而在大城市裡的講座會較快額滿，因此學生應及早登記及留位參加。

一般來說，寄宿學校的招生代表、學校拓展處代表會出席講座，有些學校會派出學校輔導員或暑期項目總監出席，部分校長亦會親身到場分享。透過舉辦本地講座，寄宿學校可鞏固與當地學生及家長的關係，亦可以向有興趣申請入讀的學生推廣學校。寄宿學校其實和你一樣，它們也努力在市場上經營自己的形象。

寄宿學校講座的內容其實大同小異，大多數講座會包括學校影片介紹和匯報，然後有意入學的學生和家長可即場提問，部分講座可能還有在校學生和校友的分享。

Q&A 問對問題　為自己加分

很多學生出席講座時，都希望有時間與招生官交流、宣傳自己的形象。但具吸引力的寄宿學校在大城市舉辦的講座，出席學生可能達數百人，因此不要期望自己可與招生官交談多於一至兩分鐘。學生應該事前準備好自我介紹，而大多數招生官會向學生提問一些個人問題，比如：「你目前在哪間學校上學？」、「你最感興趣的科目是甚麼？」、「你有哪些課外興趣？」、「你怎麼得知我們的學校？」等等。

在問答環節上，招生官也會鼓勵學生提問，寄宿學校喜歡願意大膽在人群中發問的學生，但要注意你是否問對了問題。若你發問一個已經被回答的問題，你只會給招生官留下一個不專注、不留心的印象；有些學生的問題只關乎自己或少數人，這些問題也會給招生官留下一個較差的印象。因此，學生應該事前準備一些關於學校的常見問題，並且只發問未被回答的問題。

需提早預約本地面試

大多數寄宿學校的招生官也會在講座期間抽空面試應屆申請學生，面試一般會在酒店大堂或會議室進行。很多家長會問，在自己的城市面試是否有好處？對於已經初步探訪學校、已與學校建立關係的學生來說，本地面試也是一個選擇，因為學生已經開始建立自己的形象，並熟悉他們的客戶 —— 寄宿學校。若學生計劃在本地面試，應該提前預約招生官，並準時出席面試。不過，最理想的情況當然是在申請年度到學校進行一次正式參觀及面試。

第二步

申請年度的任務

2.1- 制訂目標學校名單
2.2- 探訪學校前的準備
2.3- 學校實地考察 留意細節

第一步說明了及早開始準備申請寄宿學校的重要性，包括學習、社交和心理能力、課外活動的準備，發展個人「X特點」、建立個人形象和顧客忠誠度，以及開展與學校互相交流的計劃。完成一系列準備後，學生應更進一步發展長處，並努力改善自身弱點。這個時間，我們就進入第二步：申請年度的任務。

大多數家長傾向報讀名氣大、位於排名榜上游的美國寄宿學校，而忽視了美國寄宿學校的廣度和深度。家長們必須認清美國寄宿學校競爭激烈，若只申請最搶手的學校，通常會發現最後沒有一家「超市」有興趣把你的「產品」擺上貨架。若學生沒收到任何學校的錄取通知，那就大事不妙了。

學生們必須清楚知道自己的目標市場，再制訂適合的市場策略。建議家長和學生們在制訂目標學校名單時必須深思熟慮，學生必須認清自己的長短處、希望在寄宿學校中獲取甚麼，以及想想學校希望錄取甚麼特質的學生。這個鎖定目標學校的過程，並不簡單。

檢視自我能力

我在第一步提及,你必須站在顧客的立場思考,「合適」對你的顧客來說至關重要,所以你必須令自己符合寄宿學校的要求!在制訂學校名單前,你應整理自己的思緒,理清個人履歷和能力、**熟悉自己的長處和弱點**後,然後挑選一些可能對你感興趣而又適合你發展的寄宿學校。因此,我建議學生再次檢視自己的能力。你可以使用第一步的 3 項準備度指標及以下問題評估自己的長短處。

學習準備

1. 英語能力

- *我的英語能力已經夠好,毋須額外的英語支援嗎?*
- *我的 TOEFL 成績符合寄宿學校的要求嗎?*

如果你的 TOEFL 成績是 85 分,你會選擇報考甚麼學校?對要求 105 分或以上的頂尖學校來說,你的形象價值不高,你被錄取的機率不大。你應該將目標放在要求 85 分或略高於 85 分的學校,這些學校的英語水平與你的程度更加一致,這些學校也更適合放在你的目標學校名單上。

2. 學術好奇心

- 我該如何向學校表現出我對學術的好奇心？

- 我是否曾經自修一些課題，或參加暑期課程及興趣班？

- 假如我曾修讀某課程，這對寄宿學校能造成正面影響嗎？

- 我能向學校表現出我的 4C 能力（批判性思維、創造力、協調能力和溝通能力）嗎？

學生若能表現出個人對學術的好奇心及熱情，將能吸引寄宿學校注意你的形象。

3. 學業成績

- 我的成績是班上最好嗎？還是在同級中只屬中等水平？

- 我擅長哪些科目？

- 寄宿學校熟悉我正就讀的學校及其課程嗎？

校內成績是長期數據，能有效反映學生的學業水平。寄宿學校認為，假如學生在目前就讀的學校中獲取優異成績，也有很大機會在寄宿學校取得好成績。

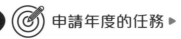 申請年度的任務 ▶

4. SSAT 分數

- 我的 SSAT 分數與寄宿學校的要求相符嗎？

- 我的 SSAT 分數與我的校內成績和英語程度是否一致？

- 我的批判性閱讀分數能證明我具備閱讀技能、分析力及推斷力？

- 我的 SSAT 限時作文能展現出符合學校要求的寫作技巧嗎？

- 我在 SSAT 限時作文能發揮出與申請論文（application essays）一致的寫作技巧嗎？

在 SSAT 考獲高分數，永遠不會成為被錄取的決定性因素，但是 SSAT 分數低，肯定是學生被拒絕錄取的原因之一。

5. 教師推薦信

- 我的老師是否為我撰寫了一封正面的推薦信？

- 我有哪些不擅長的科目嗎？

- 我對老師的評價有信心嗎？

寄宿學校重視其他教育工作者對學生的評價，當中包括你在課堂時的表現，以及你在課堂中和學校內的貢獻。

體育

- 當我參與這項體育運動後，能夠如何貢獻寄宿學校？
- 我的體育強項是否具備競爭力或有潛在巨大影響力？

學生可按第 1.2 章的建議，建立自己的形象，這樣就能向寄宿學校展現出你希望日後為學校出戰。

藝術

- 我在藝術範疇能為學校作出巨大貢獻？
- 我有作品集、網頁或其他多媒體資料來向招生官展示我的作品和才華嗎？

參與學校學會 / 活動

- 我是學校的活躍分子嗎？
- 過去幾年，我在學校參加了哪些學會和活動？
- 寄宿學校內有沒有與我興趣一致的學會？

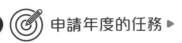
社區服務

- 我能否為我的社區作出重大貢獻？

- 我如何向寄宿學校展示我的社區服務經驗？

- 我是否真心願意為社區服務？我的服務是否與我的興趣一致？

- 我曾在社區服務中擔任領袖嗎？

領導能力

- 我在校內及校外擔當過哪類型的領導角色？

- 我在這些領導經歷中學會甚麼技能？

獎項及成就

- 我會把甚麼獎項和資歷寫在我的申請文件上？

- 我在甚麼時候獲得這些獎項？這些獎項是否有足夠說服力？

- 他們會否認為我在特定的寄宿學校中，具有很大的影響力？

讓我們回到第 1.2 章的要點：建立你的形象。你能做到以下 3 點嗎？

- 我有甚麼特別之處？

- 如何讓別人記住我？

- 我能為學校做些甚麼？

7 個選校原則

在檢視自我能力後，你會知道你的學術水平、興趣和活動應該匹配甚麼學校。你會否在提供英語支援的學校表現較好？你適合在規模大的學校，還是在規模小的學校裡學習？如果你對游泳感興趣，並打算加入寄宿學校的游泳隊，你就要確保你申請的學校有游泳隊了。

若你的「X 特點」與體育相關，選校時除了要了解學校有否提供該項目外，也要確保你的能力符合該運動項目。競爭過分激烈的運動項目，或令學生沒有足夠的發揮機會，但一項沒太大競爭力的運動項目，也會令學生無法提升自己的技術，甚至難以參加較高級的比賽。另外，記住，即使你的「X 特點」獨一無二，但如果學校沒有提供該項活動，對學校來說，你的「X 特點」也是沒有價值的。舉例說，你是冠軍保齡球手，但由於大多數美國寄宿學校都沒有安排保齡球運動，所以你的成就並沒有任何附加價值。

留意，合適是雙向的。不是所有學校都會對你的形象感興趣，你也不會對所有能夠讓你發展個人形象的學校感興趣。在制訂目標學校名單時，你應找出能夠代表你形象的學校，而這些學校也願意把你放在「貨架」上。你希望你的學校會把你放在商店貨架顯眼的中間位置？還是放到貨架後方，讓顧客難以看到？

要制訂你的學校名單,最好方法一定是先做資料搜集。美國有這麼多寄宿學校,以下會列出 7 個篩選學校的原則。在本書,我只會概述這些原則,因為大部分數據和資料已能在網上隨處可得。

1. 地理位置

寄宿學校遍布全美國的東岸和西岸,地理因素可以助你立即縮窄範圍。有些家長傾向選擇特定州份或地區的寄宿學校,可能是因為就近家人方便照應,亦可能是為了交通方便或參加文化活動而選擇大城市。想一想,你想要入讀位於偏遠地區的,還是離城市更近的寄宿學校?

2. 學校規模

寄宿學校的學生人數和校園規模各不相同。你希望在怎樣的環境中成長?你喜歡能與教職員緊密接觸的小規模學校嗎?還是喜歡中等規模的學校,有更多機會及有強大的社群意識呢?你認為自己能在大規模學校脫穎而出嗎?

3. 住校生比例

大多數美國寄宿學校採取混合寄宿制,即學校既有住校生,也有白天上學晚上回家的走讀生。對部分學生來說,住校生與走讀生的比例,是決定學校是否適合自己的一個重要因素。

4. 學校類別

大多數美國寄宿學校是男女校，單一性別學校也可能適合部分學生。
我建議學生了解一下哪一類學校適合自己。

5. 學校文化

在教學方面，有些學校在星期六也會上課。在校規方面，有些學校有
正式的衣著規定，例如男生需穿正裝打領帶，女生需穿著商務休閒裝。
有些學校則沒有衣著要求，學生們可穿著Ｔ恤和牛仔褲上課。了解不
同學校的文化，可令你進一步確定學校名單。

6. 課程及科目

學校提供的課程，會直接影響你決定申請哪間學校。你希望學習大
學先修課程（Advanced Placement, AP），還是國際文憑大學預科
（International Baccalaureate, IB）課程？哪間學校有提供你希望學習的
科目？哪間學校的課程能讓你發揮「Ｘ特點」？哪間學校能讓你擁有
探索新項目和嘗試新事物的機會？

7. 入學門檻

你擬申請的學校是否入學門檻高的頂尖學校？你的選校名單會否只有
頂尖學校？它們錄取你的機率有多大？

申請年度的任務 ▶

 平衡選校風險

在制訂申請學校名單時，因應學生申請的年級，申請學校的數目也會有所不同。一般而言，九年級（Grade 9）有最多學位，但也是競爭最激烈的年級。

 圖表 2.1　國際學生應申請多少間寄宿學校？

報考年級	建議申請的學校數目
Grade 9	8-10 間
Grade 10	10-12 間
Grade 11	漁翁撒網，因為在 Grade 10 過後，所餘學位已不多
Grade 12	大部分美國寄宿學校不取錄 Grade 12 的新生，建議學生先聯絡學校，了解該校是否有該年級的學位
高中畢業後課程（PG Year）	本章「特殊情況」中將詳細討論

在建立選校名單時，你必須平衡風險，名單內應包括不同級別的學校。我會將學校分類為收生非常嚴格（Highly Selective）／嚴格（Selective）／略為寬鬆（Slightly Less Selective）。至於一間學校屬於非常嚴格還是嚴格，需視乎學生的個人能力。

以報考九年級為例，名單內要有 8 間學校，建議採用以下策略：

2 間收生非常嚴格的學校

4 間收生嚴格的學校

2 間收生略為寬鬆的學校

圖表 2.2　平衡選校策略

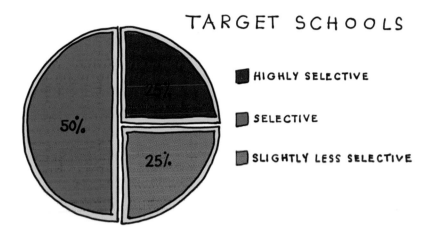

做小池中的大魚

父母都希望給予子女最好的，在教育方面，家長一般會將「最好的」
解作「排名最高的」或「最著名的」，希望子女就讀寄宿學校後，可
以增加入讀名牌大學如常春藤盟校（Ivy League School）的機會。

但我們強調的是「合適」。你想成為合適學校的優秀學生？還是頂尖
學校的普通學生？選擇適合自己水平的寄宿學校，能夠充分利用學校
的一切機會，才能在學校裡茁壯成長。事實證明，無論寄宿學校的排
名如何，這些「小池塘裡的大魚」大多都能獲不錯的大學錄取。

有些學生忽視「合適」的因素，選擇成為「大池塘裡的小魚」，最終
可能入讀了一間難以令自己發揮的寄宿學校。這些無法突出自己的學
生，會被放到不受注視的「貨架」下方，無法與其他優秀學生競爭，

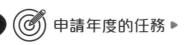

最終可能無法成功。須知道,美國教育制度以累計 GPA(Cumulative GPA)來計算學生的成績。從九年級開始,學生已進入申請大學的階段,若學生成績不佳,會影響大學申請。實際情況是,有些學生更會中途被寄宿學校要求退學,令學生感到挫敗、自尊受挫、自信心下降,從各個層面來說,這都是最差的結果。

不論是報讀寄宿學校、在寄宿學校內學習,抑或是報考大學,只有大魚才能在過程中突圍而出。

 # 特殊情況

並非每名學生都能遇到一帆風順的寄宿學校生活。有些學生在學業上未完全準備好,又或者因為未有足夠時間準備,可能需要考慮留級;有些學生雖然校內成績優異,但由於不同原因,SSAT 分數卻不如預期;有些學生或需要英語或學習障礙支援;有些年紀較大的學生可能希望申請大學或體育部,並正在考慮入讀寄宿學校的畢業後課程(PG Year);較年輕的學生可能希望入讀寄宿小學,預早體驗寄宿學校的生活。每種情況都需要個別考慮和妥善計劃,以下我會更深入地討論每一種特殊情況。

應否留級重讀？

先別把「留級」一詞想得太負面，當你考慮實際情況時，這個詞語也有其他意義。為甚麼學生已經在先前的學校完成了九年級課程，還要在寄宿學校重新上九年級的課程？其實寄宿學校會根據學生的能力，再將他分配到不同的班級，例如雖然一名學生需要重讀九年級，但他也可能會被安排在十年級或十一年級的微積分班中上課。

以下 5 類學生會被建議留級，但實際考慮是否留級時，應與專業人士討論。

1. **學習準備度不足。** 部分學生在轉學時，需要較長時間的過渡期，有些學生可能不太適應新學習模式，或因其他困難而在學業進度上落後於同級學生，這些情況都建議考慮留級。

2. **不夠成熟。** 這關乎第一步所說的社交和心理能力準備。社交能力或情緒控制較差的學生，再加上思鄉愁緒，或不足以應付寄宿學校的學習要求和壓力，便需要考慮留級。不夠成熟也反映在身形上。青春期的男孩，身體仍在發育當中，身材或較矮小，若選擇留級一年，身體發育得更好，更能適應與年長及身體發育更成熟的師兄或師姐一起居住。

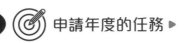
3. **運動為「X 特點」**。若學生的「X 特點」是體育運動,並打算日後在大學效力運動代表隊,重讀一年能有助他提高體能和心理的優勢。

4. **年紀較輕**。若學生比同級生年輕,可能思維未夠成熟,會建議先別升班。選擇與同年紀學生一起學習一年,可以更適應寄宿學校的生活。

5. **缺課較多**。因病缺課較多的學生,建議考慮重讀一年。

若遇到以下 3 個情況,留級也未必是好事。

1. **年齡較大**。如果學生的年齡稍大,在留級後,他有可能比同班同學大兩歲。當他升至高年級時,可能發現昔日的同學也已成為大學新生,享受新的校園生活,但自己仍在寄宿學校讀書,可能因此感到不安。

2. **擬申請加州的寄宿學校**。加州對十二年級和 PG Year 的運動員有年齡限制,若學生計劃申請位於加州的寄宿學校,應先查看相關要求。

3. **學生反對**。家長也應聽取學生的意願,若學生強烈反對重讀,也不宜留級。

SSAT 低分

應考 SSAT 是申請入讀美國寄宿學校的條件之一，每間學校對 SSAT 分數的要求不一，然而，SSAT 分數低的學生通常都不獲錄取。

所有學生在考慮學校名單時，應包括不同 SSAT 分數要求的學校在內。如果學生想申請一間學校，但他的 SSAT 成績遠低於學校的平均要求水平，那麼他很大可能會不被錄取，建議要尋找更適合自己能力的學校。

寄宿學校除了考慮學生的 SSAT 分數時，也會一併觀察其校內成績，若兩者不一致，招生官一般可能有以下解讀，或會影響學生被錄取的機會。

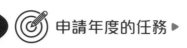
 圖表 2.4 寄宿學校如何解讀不一致的 SSAT 分數與校內成績

情況	可能解讀為：
SSAT 低分， 校內成績優秀	1. 學生可能沒有為考試做好準備。 2. 學生可能不是一個熟練的考生。 3. 學生可能有未被確定的學習障礙。 4. 學生就讀學校的評分標準可能不嚴謹。
SSAT 高分， 校內成績差	1. 學生操練 SSAT，不能真正衡量其學業準備度。 2. 學生在校內沒有積極上課，到寄宿學校也未必積極學習。 3. 學生只專注考試，可能沒有求知欲。

是否需要學習支援？

1. 英語學習支援

母語為非英語的學生仍然可以在美國找到合適的寄宿學校。因為許多寄宿學校會提供英語支援服務，容許學生調整課程，核心科目可改為選修英語和歷史等，以提高他們的英語能力。有些學校則會為學生安排英語特別課堂，教授基本英語，如閱讀、寫作和語法。

學生的語言能力其實相當影響他能否適應寄宿學校的學習。因英語程度而無法跟上學習的學生，將會感到費力，而且要花大量時間做作業。當學生升班後，課程愈來愈困難，他的學習進度就會愈來愈落後。

TOEFL 考試是為母語為非英語，和／或過去兩年並非接受英語為教學語言的學生而設。若你的 TOEFL 成績不佳，想進一步改善英語能力，應只申請有提供英語支援的學校。大多數寄宿學校的英語支援課程，都是希望學生能夠盡快適應以英語學習的主流課程，以便學生日後能成功申請大學。

哪些寄宿學校有為學生提供英語學習支援？你可以在寄宿學校評論網站 https://www.boardingschoolreview.com 找到相關資料。

2. 學習障礙支援

美國寄宿學校相當重視分辨學生是否需要學習支援，若學校能為學生提供適當程度的支援，對學生的成功也是至關重要。很多學校會為輕度至中度學習困難的學生提供學習支援，更有專門的特殊支援學校。

大多數有學習障礙的學生都已接受教育心理評估，並獲得一份描述學生的優點和缺點、提供學習和心理支援建議的報告。因此，學生和家長必須坦誠地向學校說出需要，這樣才能確保學校錄取學生後，學校能向學生提供適當的協助。一般來說，在錄取過程中，學校會安排學生和家長與學習支援部門的教職員會面，讓學校能夠了解學生的需要，也能讓家長了解學校能夠提供甚麼支援，雙方都能感受到對方是否合適。

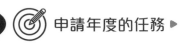
應否報讀 PG Year ?

現時在美國高中逐漸流行高中畢業後課程（Post Graduate（PG）Year），一名學生在另一所學校完成十二年級、獲得高中畢業證書後，他可以入讀寄宿學校再次學習十二年級的課程，為期一年。決定是否申請 PG 學年，要考慮的因素與留級相似：

1. **學術準備**。PG Year 的學生其實已獲得入讀大學要求 —— 高中畢業，不過寄宿學校的一年 PG Year 課程可讓他們填補成績表上的空白，又或者學習更深入的課程或議題，令個人履歷更豐富，鋪路申請大學。

2. **體育準備**。部分申請 PG Year 的學生是為了提升自己的運動水平，為在大學參與體育活動做好準備。

3. **情緒準備**。部分高中生與同輩相比，仍然顯得未夠成熟，他們或還沒有意識到自己已成年、還沒有準備好迎接大學的挑戰。就像重讀一樣，PG Year 可以令他們變得更成熟自信。

PG Year 學生會面臨哪些挑戰？

1. **不安、感到被拋離**。雖然 PG Year 能豐富學生的人生經歷，但是由於同年同學都已經上大學了，當朋友分享大學新生體驗時，自己仍處於中學階段，或會感到裹足不前和被拋離。

2. **不能怠惓、需要加快學習。**由於學生只會在校學習一年,所以這學年的學業、社交和課外活動方面的學習步伐均要加快,才能有所進步。

應否入讀寄宿小學?

美國寄宿小學的數量遠遠少於寄宿中學,大多數寄宿小學讓學生在五、六年級開始寄宿,有些甚至於三年級開始。大部分寄宿小學的資訊可在 https://www.jbsa.org 瀏覽。

我曾經協助許多學生申請寄宿小學,並繼續幫助他們申請入讀寄宿中學,每位學生都能夠被他們心儀的寄宿中學錄取。由此可見,寄宿小學可以為寄宿中學生活做好準備。寄宿小學提供與寄宿中學類似的學習環境、課外活動、體育活動及發展機會。

學生於寄宿小學需要學會如何獨立生活,並有機會親身體驗及發展必要技能,例如思維發展、團隊合作、主動、適應力、自我管理、思想開明和社會意識。第 3.2 章會繼續討論上述技能的重要性。

一般 12 月中截止申請

申請入讀寄宿小學的過程與寄宿中學大致相同,較常會使用 SAO 系統或個別學校的網上平台申請,但要留意國際學生的申請截止日期通常在 12 月中旬。根據不同的申請年級,學生需要應考初級或中級 SSAT 考試。我建議學生瀏覽學校的網站,了解入學要求。

 備註：網上資訊

寄宿學校評論：https://www.boardingschoolreview.com

寄宿學校協會：http://www.boardingschools.com

十校聯盟：https://www.tenschools.org/index.cfm

寄宿小學協會：https://www.jbsa.org

參考排名：

https://www.prepreview.com/ranking/us/boarding-school-ranking.php

教育顧問：見附錄：聘用教育顧問及中介要留神

2.2 探訪學校前的準備

很多家長和學生花了時間閱讀寄宿學校的網頁、查看排名榜、參加升學講座、獲取入學簡介、聽過舊生的分享後，就會認為自己已經對寄宿學校有充分了解。家長們很可能簡單地認為某所學校很適合自己的子女，而寄宿學校也沒甚麼入學要求，這是一個謬論！凡有機會，學生和家長們都應該探訪所有考慮申請的學校，親身體驗校園氛圍和學生群體，並與教職員會面，這與查看學校的排名是同樣重要！

有些學校不會強制學生和家長探訪學校。不過由於入讀美國寄宿學校競爭甚烈，尤其對國際學生來說，若你從未踏入校園，較難向學校宣傳你的形象，參觀學校可以讓你親身認識招生官、學生和教職員。此外，當你真正參觀學校後，也能更有信心地確定這是最適合自己的學校，作出明智的決定。

1月初前需完成探訪

大多數學生會趁前往美國旅行期間探訪多間寄宿學校，因此需要預早規劃行程。若一名目前就讀八年級學生計劃申請入讀九年級，他會在八年級的秋季或初冬期間探訪學校和進行面試。大部分學校的截止申請日期為1月，它們會允許學生在申請截止前或截止後數週探訪學校。

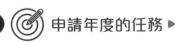

申請年度的任務 ▶

大部分寄宿學校會在夏季中後期開始接受秋季參觀預約，由於預約很快額滿，若晚了便不能選擇面試日期。而一般來說，你應該在 1 月第 2 個星期前完成所有學校參觀。

圖表 2.3　　應屆探訪學校時間表

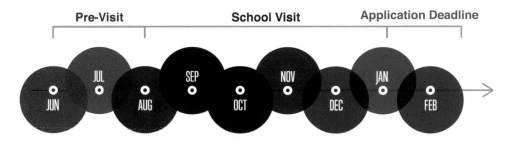

最佳探訪時機　開學後秋冬

很多家長會詢問能否在暑假期間探訪學校和面試，因為學生可能會到美國參加暑期夏令營，這樣就不用再額外安排訪美旅程。當然學校也歡迎學生在申請前、於暑假正式參觀學校和面試。例如上述的八年級學生，參觀和面試就會在升讀八年級前的暑假進行。

雖然在暑假期間參觀是非常方便，但只有少數學生和教師會留在校園裡，較難讓學生和家長們感受校園氛圍和上課情況。

同樣地，這段時間不是讓學生和家長表現自己的最好機會。由於探訪學校時也會同時面試，學生一般只有一次正式面試的機會，因此，基於以下數個原因，不建議學生在申請年度前的暑假正式參觀學校和面試，應選擇申請年度的秋季或初冬：

1. 八年級開學後　孩子快速成長

很多學生在八年級開學後會變得成熟，了解到自己需要繼續建立自己的形象，他們可能會在學校擔任領袖角色、努力提高自己的學術和體育水平。若學生尚未有充足經驗下就與招生官面試，表現自然會遜色，而這面試機會更是僅此一次。過早面試並不是學生宣傳個人形象的好機會。

讓我們回到超市的比喻，如果招生官正在評估是否採購這件產品，若這件產品仍在開發中，他就無法詳細知道這件產品的真實樣貌及實際觀察其性能。此外，父母也可能看到孩子在八年級開學後的成長，如果過早面試，父母不能在家長面試中向學校分享這些體會及經歷（第2.3 章再詳談家長面試）。

2. 春季 SSAT 成績　或影響選校名單

大多數學生可能在暑假前或春季就已經參加 SSAT 考試，而非開學後的 9 月或 10 月。當你在暑假前已知道自己的 SSAT 成績不理想，或會打消原定的探訪學校計劃；如果學生在 SSAT 考試中表現良好，你或會將目標放在更優秀的學校上。雖然 SSAT 不是決定學校名單的唯一因素，但也有一定影響。

3. 失去豐富履歷的最後機會

學生可以在暑假期間參加夏令營或其他暑期活動,以提升才藝和增加
個人閱歷,暑假結束後,個人履歷會更吸引。若你選擇在暑假期間參
觀學校的話,就無法在面試中提及這些經驗。

參觀前初審

填寫網上問卷

家長和學生在預約探訪前，應先到學校網頁填妥申請表及有關資料，例如簡單的個人資料、學生的興趣和活動。不過很多學校會要求學生在預約時填寫更詳細的問卷，全面了解學生的興趣和活動經歷。當你提供相關資訊後，學校就能針對你的興趣配對適合的學生導賞員人選，有些學校亦會以這些資訊來「指導」面試流程。無論如何，你應把這份問卷視作申請的一部分，因此要小心填寫。

當你完成問卷後，可能會收到寄宿學校不同部門發出的電郵。例如，如果學生表示對歷史有興趣，歷史系主任可能會發電郵給你，說有位歷史學家正在校園演講、介紹歷史課上的一個課題、或者討論目前發生的一件事。又例如你表明是一名籃球運動員，籃球隊教練可能會給你發送球隊的資訊。

禮貌地回覆教職員電郵

雖然這些郵件都是系統自動寄送，不是真人撰寫，但你也需要回覆這些電郵。因為學校可以追蹤你有否查閱電郵，更重要的是，這些電郵為你提供一個開始與個別教職員對話的機會，你可以與對你的形象感興趣的人聊天，他們知識淵博，也與你有相同興趣。這樣你就能開始

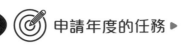
在學校教職員之間建立自己的形象認知度，並希望他們變成你的忠誠顧客群。若在學校裡，愈多人喜歡你的東西，你在申請過程中就能得到愈多支持。

謹記，合適是雙向的。透過你和學校教職員之間的交流，家長們也能知道這間寄宿學校是否適合孩子茁壯成長的地方。尤其在體育和藝術的領域，合適的教師或教練是非常重要的，因為你可能跟隨同一名教練或導師數年時間。當你與學校教職員建立關係後，並且感覺你們可以一起合作來實現共同目標，就是一個好徵兆。在之後討論更多採訪學校的細節時，你會了解到，開始與學校的關鍵人物建立關係將會變得非常重要。

符合學業要求

家長和學生到學校探訪，也需要投資自己的時間和金錢，可能還要安排其他家庭成員照顧小孩，有些學生可能需要向學校請假，令他們之後或較難跟上學業進度。同樣道理，有些競爭激烈的學校每年要接待1,500 至 2,000 名申請者，由家長或學生的第一次詢問、安排面試和探訪，到學生和家長的面試，需動用寄宿學校的大量人手及多方配合。有些學校即使沒有足夠人手來支援每個來校的家庭，也希望尊重家長和學生們的時間和努力，因此，它們在邀請學生到校參觀和面試之前，通常會定下最低要求（通常適用於申請人數眾多地區的國際學生，比如中國），以確保獲邀學生都是合資格的申請人。

這些探訪前的要求可能令家長和學生措手不及，從而趕不上截止日期。你可以先查閱學校網頁，在「國際學生申請人」錄取頁面會列出初審或最低資格要求，以及其他細節。

1. 第三方機構評估

有些學校會要求學生先自費參加由第三方面試機構舉辦的篩選，學生需要自行與第三方機構安排面試時間。面試內容通常包括視像面試、英語能力及寫作能力評估。第三方機構之後會將所有評估送到寄宿學校，招生官看過資料後，會決定是否邀請學生到校園參觀和面試。

第三方面試機構的總部通常位於較大的國際城市，而且一般需要提前預約面試，學生應盡早了解要求並做好相應的準備。

STEP 02 申請年度的任務 ▶

2. 提交 TOEFL 和 SSAT 成績

有些學校會要求學生提交 TOEFL 或 SSAT 成績，因為學校也希望確保能把時間投放到成績優秀的學生身上，以免浪費雙方的資源和時間。

TOEFL 在世界各主要城市舉辦定期考試，成績的有效期為考試日期起兩年。一般來說，競爭激烈的學校會要求 110 分以上，競爭較少的學校也會要求成績達 95 分以上。

至於 SSAT 考試不像 TOEFL 那樣定期舉辦，而且每年 9 月的 SSAT 考試只於美國和加拿大舉行。若學生選擇遲一點考試，發送 10 月份的 SSAT 考試成績到學校，或會延遲探訪學校的安排。不過有些學校會接受上一學年（即 4 或 6 月）的 SSAT 成績。

建議的參觀日子

當你確定了學校名單、旅程日期，並達到每間學校的初步要求後，就可以準備預約探訪學校。當你準備預約參觀和到某間學校面試，就是時候開始準備推銷你的形象了。

家長們應該計劃兩小時內完成一所學校的探訪和面試。留意，寄宿學校在星期三下午一般舉行運動比賽，因此只能安排上午參觀和面試；有些寄宿學校會在週六上課，可安排週六上午參觀和面試（下午有運

動比賽）。除了星期三和星期六，家長可於平日安排上午、下午各一次的探訪。寄宿學校在星期日不接待訪客。

 # 預約特別探訪

正如之前所說，在預約探訪後，你可以開始在學校建立自己的形象認知度，確定你的「X特點」及其影響力，並開始推銷你的形象。在探訪之前，我鼓勵你聯絡自己感興趣的學系，安排額外與教職員會面，盡可能利用身處校園的時間獲得更多資訊。

如果你已經透過網上問卷而與教師或教練交換了電郵，請重新聯絡他們，讓他們知道你甚麼時候會來參觀學校，並希望能安排與他們會面。

至於你還沒有接觸過的教職員，你就需要 Cold Call（促銷）介紹自己了。你可以從學校網站的教師欄中，了解「潛在顧客」的資料及聯絡方法。之後，你可以撰寫一封介紹你的形象和「X特點」的電郵，並附上網站連結、作品集、簡歷等，說明你入讀後能夠如何貢獻學校。你也可以提出在探訪期間與他親身會面。

除了推銷自己形象外，你也應該與寄宿學校的教職員見面，他們除了是你的潛在顧客和粉絲，也將會是與你一起成長的人，因此你必須了解這所學校是否適合你。記住：合適是雙向的！

相信你已經相當期待置身寄宿學校的校園,「親身體驗」校園生活。不過你在探訪學校前,也要注意一些細節,例如你的衣著和舉止、你在校園內會接觸到的人、你的個人介紹、面試時的談吐等等,一切都要計劃周全。只要做足準備,你的探訪之旅一定會成功。

 ## 注意服裝儀容

美國校服文化十分特別,每間學校對學生的服飾規定不一。有些學校比較隨意,容許學生穿牛仔褲和 T 恤上學,有些學校則要求男生穿西裝打領帶,女生需穿著商務休閒裝(business casual)。雖然這些規定僅限於被錄取的學生,不過在探訪學校時,即使學校的規定較寬鬆,也建議學生穿著以下服裝到訪。

男生	✓ 夾克外套、西裝外套、領帶、長褲、正裝皮鞋
	✗ 牛仔褲、T 恤或開領襯衫
女生	✓ 恤衫、整齊的長褲(如果穿長褲,恤衫外應穿西裝外套)、半身裙、連身裙(裙子不宜太短)
	✗ 吊帶裝

校園導賞一般需要 45 分鐘，要走很多路，有時路面或不平。你應該穿著一對舒適的鞋子，但不要穿運動鞋。由於美國的天氣陰晴不定，你應視乎到訪的月份，帶備雨衣或保暖外套。如果你在秋末冬初拜訪位於東岸的學校，你可能需要一對靴子、一頂暖帽和保暖手套。有些學生也會選擇穿著校褸參觀學校。

美國文化相當重視口腔衛生，請你在到訪校園之前務必刷牙。以防萬一，你還要隨身帶上一支牙刷，在學校導賞／面試前刷牙！

 申請年度的任務 ▶

 # 從抵埗起留下好印象

主動報到：我不是「裙腳仔」！

當你和父母到達招生辦公室後，通常會看到接待處／報到處，你應該自行向招生官或在校學生義工報到，清楚說出自己的姓名及預約時間，而非假手於你的父母！學校喜歡看到有獨立思考、能獨立行事的學生。這是一個好機會向學校證明，申請這間寄宿學校是你的個人決定！

當報到完成後,你可以向招生官介紹陪同你來訪的父母或兄弟姐妹。你亦可以詢問招生官,是否已經安排時段讓你與其他學科的教職員／教練會面(事前應已預約)。不過請留意,寄宿學校的大部分教職員工作繁忙、有多重身分,或有可能碰巧不在校園,因此未能抽空與你會面。雖然如此,即使無法安排與特定教職員會面也無傷大雅,接待處職員有可能會即興安排你與其他教職員見面。

等候期間宜整理衣服

在報到完成後,一般需要在接待處等候 5-10 分鐘,待導賞員前來帶領你遊覽校園。你可以利用這段時間到洗手間整理衣服。大多數招生辦公室會提供餐飲小吃,通常有水、果汁和熱飲。不過,雖然外面可能很寒冷,但在整個探訪過程中,為免弄污衣服,應避免喝熱朱古力,還是喝點熱水吧!

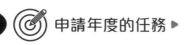
導賞期間勿犯三大忌

你已經研究這學校很久了，應該知道學校有甚麼學科和活動、甚麼是必修科、甚麼是選修科。你也應該自問：這學校有甚麼地方吸引你、適合你？你為甚麼想在這一間學校推廣你的形象？你會怎樣融入學校？你在這間學校會如何探索自己並實現個人目標？

在你到學校探訪和面試之前，你必須有以上問題的答案。這是為了向自己及學校證明你適合成為這間學校的學生。有些學生可能是為了在學術上更進一步；有些學生可能是因為學校鄰近大城市，能享受多姿多采的文化活動；也有人是因為對學校文化和週末活動感興趣；有些人想了解住宿安排和宿舍生活。學生導賞就是一個好機會，讓你整理以上資料的答案。

很多寄宿學校希望學生以某些方式為學校服務，大多學生會選擇導賞員的「工作」。雖然如此，學生導賞員是一群被挑選和經培訓的學生，他們對自己的學校感到非常自豪，願意放棄私人時間，帶你參觀校園。此外，有些學校會詢問導賞員對你的意見，了解你們在參觀途中有甚麼互動。請好好把握這個機會與導賞員交流、甚至推銷自己！

欲參觀路線以外地方　應事先詢問

整個導賞歷時約 45 分鐘至 1 小時。一般來說，參觀路線是固定的，只會向學生和家長介紹學校的重點，而不會涵蓋所有地方。謹記，合

適是雙向的。當你長途跋涉來到這間學校，也希望到訪和體驗你感興趣的地方，請不要害羞，如果你想參觀特定的地方，你可以在出發之前先跟學生導賞員說明，例如：「我對這次導賞感到非常興奮。我對機械人技術很感興趣，我能夠參觀機械人技術教室嗎？」幸運的話，機械人技術教室會在原定路線之上；即使當天原定路線沒有涵蓋你想去的地方，導賞員也或會帶你到你感興趣的地方，如果時間不足，他可能會給你相關資料，讓你完成整個探訪後再自行參觀。

別問無意義問題

你應該列出約 10 條問題，在每一次學校探訪中向導賞員提問，謹記，這些問題必須「有意義」！任何你能在學校網站上輕易找到答案的，都不能稱為「有意義」，例如「一班有多少學生？」（除非這資訊沒有在學校網站上列出）。若你充分了解該學校，知道該學校怎樣適合你，你應該知道問甚麼問題，你也應該趁這個難得的機會了解在校學生的想法和視野。

學生應與導賞員保持互動。對於一個導賞員來說，最慘的情況莫過於帶著一群冷漠的客人遊覽自己喜愛的校園。當導賞員分享時，你應該熱情回應，表達自己的興奮心情及對這間學校感到興趣。你可以問問導賞員「你為何喜歡這學校？」你也可以和他們分享你的興趣，希望能找到共同話題延續對話。

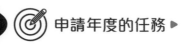
家長不宜提問過多

學生和家長或會一起參觀學校。你可在事前和父母討論導賞期間的互動,你應提醒你的父母不應獨佔提問時間,因為你才是主角,你需要在導賞過程中與在校學生開始建立關係!

父母可以偶爾發問(因為他們也想多了解學校),然而,若家長與導賞員互動過多,或阻礙學生與導賞員交流,亦會傳遞出一個不妙的信息:參觀學校是家長的意思,而非學生的意思。你可提醒你的父母,在稍後的家長面試環節中,他們有充足時間向招生官了解更多學校的情況。

面試該說甚麼？

在導賞環節完結後，學生就會與招生官面試。這是申請寄宿學校的關鍵，多年的案例顯示，表面上看似合資格的學生，如果面試不及格，申請便會失敗；相反，若學生成績不突出，但面試表現極佳，通常可獲錄取。

由於大多學校的截止申請日期是 1 月初，很多學生在正式面試前都未完成申請，但是，你應該已將個人履歷整理妥當，亦渴望立即向面試官證明自己、展現自己的形象。不過，與其說是面試，倒不如簡單說是一場學生和招生官之間的聊天，讓學生講述自己的故事、展示和推銷自己的時間。

面試時長為 20 至 45 分鐘不等，視乎面試官願意投入多少時間於一名學生身上。一般而言，如果招生官願意花更多時間與你見面，代表你能夠吸引他們，令他們有興趣多了解你，這是好跡象！

考驗思維是否敏捷

很多學生和家長總是想事先知道面試官會問甚麼問題，以及有甚麼「正確答案」。不過，面試其實沒有固定問題，有些面試官可能會問些看似隨機的問題，比如：「如果你是一種顏色，你是甚麼顏色呢？」或是「如果你是一顆生物分子，你會是哪一類？」諸如這類的問題並沒

有「既定答案」，而一個好的面試者是應該可以回答任何問題。為甚麼？因為寄宿學校主張人與人之間的交流和互動，一個成功的寄宿學校學生是應該思維敏捷，能恰當地調整自己的談話內容，合適地回應問題。資深的面試官能夠識別出過度操練的學生！

話雖如此，大多數面試官普遍仍會問到：「你會如何應對挑戰？」、「你有甚麼類型的興趣和愛好？」，以及「為甚麼你適合寄宿學校？」等問題。面試官會鼓勵學生說出自己特別的興趣和愛好，從而知道學生的學習風格，評估學生是否適合在這間學校就讀。因此，你在參加面試前，也可準備你對這些問題的答案。

讚賞學校　打破冷場

面試開始時，大多數面試官會問一些能打破冷場（Ice breaking）的問題，比如：「剛才的導賞如何？」你還記得寄宿學校是大家庭的比喻嗎？學校教職員也認為學校是自己的家，對學校的一草一木感到自豪，就像你可能會為自己的家庭感自豪。當你的家裡有客人到訪的時候，相信你會希望聽到他們讚賞你的家，因此，請一定要讚賞對方。

你該如何回答這問題呢？你應回答導賞時的所見所聞。在參觀學校的時候，你要找出這所學校令你印象深刻的事物。例如這學校有一個很棒的游泳池，或者是你觀察到某個課室裡正進行一節新穎的課堂，或者是學生之間的友善互動吸引了你的目光。

善用「金髮女孩原則」

你聽過英國童話故事《金髮女孩和三隻熊》嗎？在一戶熊的家裡，熊爸爸、熊媽媽和熊寶寶各有自己喜歡的床、食物和椅子。一個頑皮的金髮女孩不小心闖進了這個家，饑餓的女孩大膽地喝光了三碗燕麥粥，還躺在熊的床上睡著了。金髮女孩喝光三碗粥、偷坐過三把椅子、在三張床上睡過後，她覺得不太冷或太熱的粥最好喝、不太大或不太小的床和椅子最舒適。寄宿學校的面試其實有點像這個故事。要面試成功，你也需要掌握「恰到好處」的溝通方法。

冷場

即使你的申請文件相當豐富、履歷吸引，是有才華的學生，也需要在面試中展現自己積極的一面。如果你不主動與招生官談話，對話簡短，也只有極少個人分享，就很容易造成冷場。出現冷場其實不外乎兩種情況：要麼是學生參與第一次面試，非常緊張；要麼是學生還未準備好。這種情況下，面試官會引導學生多發言，說說自己，但仍會失分。

過分熱情

面試時出現冷場的學生固然會被扣分，但過分熱情、連珠炮發地獨白的學生，也同樣會失分。大多數面試官會試圖鼓勵這類面試者放鬆，會提出問題或試圖改變話題，暗示學生說太多了。不過，大多數學生都沒有意識到這一點，反而繼續他們的單向獨白，並焦急地在 5 至 10

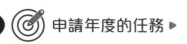
分鐘內完成「演講」。這種學生可能會令人厭煩，留下一個操練過度、背稿的印象。由於聽不懂暗示，也會令人覺得這學生似乎不願意與別人合作或討論，因此會失分。

恰到好處的交流

「恰到好處」是指學生和面試官能做到一問一答的對話，不會像出現冷場的學生，需要面試官引導對話內容；也不像過分熱情的學生，單方面說出心裡所想。面試應該是雙向的。這類學生會分享一些資訊，允許面試官提問，並即興回答，這個溝通過程既有互動，又能互相尊重。面試官也會感覺到自己與一位有趣的學生交談，這位學生無疑已做足準備，有說話技巧，並能有說服力地推銷自己。

面試官相當重視良好的說話和溝通技巧，因為寄宿學校的課堂採取討論的學習模式。出現冷場的學生會被人認為較少在課堂上與他人互動，難為課堂增添價值和有貢獻。過分熱情的學生則不被視為團隊合作者，因為他們雖然享受在課堂上發表意見，但最終可能因為缺乏更多意見而語塞，或會壟斷其他學生的發言而令他人沮喪，這與寄宿學校講求團隊精神的基本教育理念不一致。至於「恰到好處」的學生知道何時是適合發表意見的時機，例如知道何時讓人提出問題、何時需要聆聽並讓對方發言，有互諒互讓的精神。

5 個貼士

1. 練習強而有力的握手。美國人喜歡強而有力的握手,而不是軟弱無力的。當然,就像其他事情一樣,「恰到好處」的握手也是需要練習而成的。

2. 注意眼神交流。當你和面試官握手打招呼的時候,應看著他們的眼睛。在面試時,也要看著面試官的眼睛回答問題。眼神交流能向面試官傳遞出你的信心。

3. 別只回答「是」或「否」。你在面試中應該讓學校知道你的形象,因此,你應多分享關於你自己的資訊,而不是只回答「是」或「否」。

4. 別死背答案。對於面試的常見問題,你可以試想想該怎樣回答。不建議單獨反覆排練,你應該練習和別人談論這些問題,因為最好的面試是一場有來有往的對話,而不是刻板反應、機械式對答。

5. 角色扮演練習。正如上述所說,你可以找一個成年人(如親戚和老師)與你練習該如何在面試中交流,然後讓他給你建議。之後你可以再找另一個成年人與你練習。有些學生非常樂意與成年人交流,有些則會透過很多練習從中獲益。

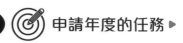 申請年度的任務 ▶

面試常見問題及建議答案

1. 「請你自我介紹。」

"Tell me about yourself."

你的形象有何與眾不同之處？你的答案需要突出個人天賦、興趣、經驗和目標。你只需要簡介自己，毋須詳談細節，面試官之後會就著你的分享再更具體提問。

2. 「為何你會認為美國寄宿學校是你學習的好地方？」

"Why do you think that US boarding school is a good place for you to continue your studies?"

回答這個問題，你需要提出你的想法。想想你作為一個寄宿學校的學生，會有甚麼貢獻和你預期自己日後會怎樣成長。你期望在寄宿學校有哪些挑戰和發展機會？到畢業時，你將會成為怎樣的人？？

3. 「你為甚麼想入讀我們的學校？」

"Why do you want to come to XYZ school?"

你應該已經詳細了解你的「顧客」—— 寄宿學校，你的回答應聚焦在學校特色和其配套。例如：「我喜歡演奏大提琴，我知道你們的管弦樂團是全美國最好的一隊，我希望可以成為一分子。」

4. 「**你現在修讀哪些科目？**」

"*What subjects are you studying now?*"

對於任何關於你現在就讀的學校、科目或老師的問題，你應積極正面地回應，別批評或將你現在的學校與寄宿學校比較。如果面試官不熟悉你現正就讀的學校，你可以嘗試談談你感興趣的學科，也可以多介紹該校的課程。

5. 「**你有甚麼特別的學習興趣嗎？**」

"*Do you have any particular academic interests?*"

如果你的「X 特點」與學業相關，這就是好機會了！你可以先概述你熱衷於學習哪些學科、你在哪些科目中表現優秀，而非逐一描述每科的學習細節。聽到你的答案後，面試官必然會繼續深入探討你的興趣。

6. 「**請告訴我你在學校參與了甚麼活動。**」

"*Tell me a little bit about the activities that you are involved in at school.*"

這是讓你介紹個人課外活動「X 特點」的問題！你可以說說你現時的學校有甚麼課外活動和學會，哪些是你希望在寄宿學校還能繼續參與的。如果你現在的學校沒有安排這些活動，你計劃如何在寄宿學校參與這些活動？此外，如果你有新興趣，也應該表達你對新興趣的熱情及它能貢獻寄宿學校之處。

7. 「**你在閒暇或週末時，喜歡與家人和朋友一起做甚麼？**」

"*What do you like to do in your free time or on the weekends with your family and friends?*"

這也是讓你展現「X 特點」的問題。

8.「分享一個你必須付出很大努力才能實現目標的情況？」

"Share with me a situation where you had to work hard to achieve your goal?"

面試官希望透過此問題了解你克服挑戰的能力和耐力。想想你曾經歷的挑戰，比如參加學校話劇試演或者準備一場辯論比賽。最好避免講述數學考試不及格或沒拿到 A 等學業例子，因為可能會令面試官認為你只關心學業、不太積極參與課外活動。

9. 情景題：「請告訴我，當不得不在兩個同樣理想的情況下，或兩個同樣棘手的情況之間做出選擇時，你會如何做出這艱難的決定？」

"Tell me about a time when you had to make a difficult choice between two equally good or two similarly tricky situations. How did you make your decision?"

10.「你還有其他問題嗎？」

"Do you have any questions for me?"

請好好把握面試的最後一個機會！你應該要預先為每間學校準備 5-7 條問題，然後你需要在這個時間發問。因為當你提問，即表示你曾花時間投入整個尋找學校的過程，並經過深思熟慮才決定申請這學校。

不送禮 面試後寫感謝信

我不鼓勵學生在面試時帶禮物送給面試官或學生導賞員。不過,學生應該在面試後向面試官和導賞員撰寫一封感謝信。你與學校所有人員之間的每次溝通、每字每句,都會記錄在學校的檔案庫內,因此你的感謝信也代表著你的形象。

你的電郵標題可加上寄宿學校名稱,但感謝信的收件人稱謂應是面試官的名字,例如學生不應該寫 "Dear Phillips Academy Andover," 。在信件內,你可加上一些面試官或導賞員與你分享過的資訊,也可以寫下學校和教職員打動你的地方。校對所有語法和字句,確保沒有寫錯學校名稱和面試細節。最糟糕的情況莫過於寄錯信件到另一間學校或弄錯學校名稱。建議父母們幫忙檢查郵件內容後才寄出,以免出錯!

家長是「參與者」也是「旁觀者」

很多人都會認為,學生是整個錄取過程的主角,事實也的確如此,但家長們也不要忽視自己的角色,你是「參與者」也是「旁觀者」,你也是孩子申請美國寄宿學校的另一重要部分!

在申請學校的過程中,父母感到最困難的,就是覺得自己有責任找出最適合家庭價值觀、育兒理念和期望的學校。學校探訪就是讓父母確認某間學校是否適合他們的孩子和家庭的最好方式。

宜穿商務休閒服裝

一般建議父母穿著舒適的商務休閒服裝,避免過於隆重的服飾。建議父親穿西裝並戴上領帶。由於導賞時間大多會在校內行走,因此舒適的鞋子和適當的禦寒衣服同樣重要。

許多家長會問:父母兩人是否都要參加學校探訪。不少家庭由於不同原因,父母只有一方能抽空陪同子女探訪寄宿學校,如果只有一名家長探訪學校和參加家長面試,也不會影響其子女的申請。當然,最好的情況是父母同時出席,顯示出你們的誠意,願意為子女抽空出席學校活動,雙方也可以一起討論學校的具體情況是否適合你的家庭。如果只有一位家長到訪,他應擁有較大的決定權,也有責任將探訪經歷和對學校的印象告訴另一半。

有些家長可能認為英語能力不太好,因此不願意參加家長面試。如果父或母其中一方到訪參觀,應該選擇英語能力較好的一方。但有些家庭仍會擔憂父母雙方都無法應付英語面試,有些學校會安排老師或學生翻譯。

在安排探訪行程時,你應避免帶同其他年幼的子女,因為探訪學校的行程相當緊湊,小孩子或難以配合,也會分散你的注意力。

大多數學校會預期家長與子女一起到訪,招生官也會與家長會面,一來讓學校更了解申請學生,二來家長可以向招生官說出個人對學校的

看法。在這個交流過程中，學校可以知道家長是如何看待此學校、希望入學的意願有多高、並了解到家長希望學校能為他們的子女做甚麼。學校也會評估你的「整個家庭」是否適合學校，假如你的孩子在校園生活中出現問題，你會否願意一起合作解決。家長們在探訪學校和面試時，要多觀察、多發問，並且必須自問：「這間學校適合我的孩子和家庭嗎？」

「家長面試」這詞聽起來較為嚴肅，更準確地說，我們可以把它看作成一場家長會。一位曾在十校聯盟學校負責招生的主任曾旁聽數百場家長面見、經驗豐富，她這樣說舉辦家長面見的目的：「這是一個讓家長暢談有關孩子一切的機會，而這些事情是在申請表上看不到的。」這個簡單的描述應能概括家長與招生官的會面目的 —— 協助招生官更了解你的子女，以及讓你多認識這所學校。

家長面試通常緊隨學生面試之後，而且多數家長與學生通常會面見同一位面試官。部分學校會以家庭會議方式，在學生的面試結束後，讓家長加入一起與面試官會面。一般來說，家長面試的時間約 15-20 分鐘。

家長 3 項事前準備

了解學校特色

所有寄宿學校都不一樣，就像學生會準備面試，家長也應該做好準備。

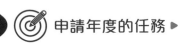

STEP 02 申請年度的任務 ▶

家長應該清楚了解，也要準備向他人說明：為甚麼這學校會在你的學校名單之內？為甚麼這學校適合你的孩子和你的家庭？在每次探訪學校之前，鼓勵家長們多做研究，至少要知道每間學校的特色和情況：

- *每間學校的教育使命和理念*
- *對你的孩子來說，這所學校有甚麼很重要的課程和課外活動？*
- *大學錄取率（別在家長面試時提問！）*

草擬家長文書

記住家長面試的目的，招收主任會詢問家長，你要準備回答，同時家長們也應該想好一些提問的問題。將你的想法列寫出來，草擬出一份家長文書（parent statement）。父母也可以一起撰寫文書，這對準備面試一定有幫助！在探訪前撰寫文書，可以讓你梳理自己的想法和想好如何應對面試的問題。在文書上，你可寫出子女過去曾經歷的難關。世上沒有完美的孩子，你應該已經認清孩子的長短處及興趣所在，以及清楚知道寄宿學校能協助你培養孩子的發展和成長。

在家長面試前，父母應一起可以重溫文書內容，使雙方的立場保持一致。請記住，儘管家長希望向學校展現出最好和最吸引的一面，但家長面試也是為了讓家長和學校能夠互相確認，這間學校是否適合你的孩子。

其他準備

在探訪學校之前，你應確保孩子的健康。對於遠道而來的國際家庭來說，「保持健康」是知易行難。建議在參觀學校前數天抵達美國，以便調整時差、適應時區和氣候，儲備體力應付充實的行程。如果可行的話，也應安排在行程的中段日子才探訪最心儀的學校，讓孩子有多些時間適應和休息。在探訪之前，如果孩子太緊張、沒有時間用餐，不妨預先準備一些零食。

在探訪當天，你應在預約時間前約 15-20 分鐘到達學校。你固然不想太匆忙，但也不會想和孩子在等候室久坐而愈加緊張。

在等候室內，你可以與其他家長和學生交流，但不宜「互相比較」。有些父母可能會向其他家長或學生查詢其 SSAT 成績，或者他們的學校名單，但請不要有這類型的交流！整個參觀過程已經夠令人傷腦筋，不要再為自己和孩子加重負擔。**確保你正在幫助孩子增加入學機會，而不是令他們失去機會。**

導賞期間

所有學校都會提供家長導賞，但安排不一。大多數學校會讓學生導賞員帶領家長和學生一起參觀；有些學校則會安排數個家庭一起參觀；有些學校會分開家長和其子女，會安排學生導賞員與家長一起參觀；

有些學校可能會讓在校學生的家長帶著到訪的家長參觀;有些學校更會為國際家長提供不同語言的導賞服務。

如果你被邀請和你的孩子一起參加導賞,請把自己當成配角。你的孩子才是主角,如果他準備充分,他會知道這次導賞是他的機會,不但可以讓他更了解學校,還可以認識在校學生。再次提醒大家,有些學校的招生官確實會讓學生導賞員提供意見,從而評估這名學生是否適合他們的學校。學生導賞員會考慮:「我希望這名學生加入我的班別或團隊嗎?」、「他看起來是一個好室友嗎?」、「他有趣嗎?我希望日後與他在飯堂一起吃飯嗎?」因此,你應該克制住自己,讓孩子能與導賞員多交流,你需要給機會讓孩子發揮,讓他們單獨與導賞員交流互動,你的角色只是跟在孩子和導賞員後面不太遠的地方,保持注意力聽聽他們的對話,然後把你的問題留到家長面試。

學校文化

參觀時你需要敏銳地觀察,當中有幾個原因。首先,你需要確定這間學校是否適合你的孩子,除了留意學校設施外,你還要注意學生之間的互動,以及你和學生之間的互動。在導賞過程中,你有看到教職員是如何與學生互動?教職員之間又是如何交流?學生們會否與你有眼神交流?或者他們會說「你好」來歡迎你?這些互動的瞬間能吸引你嗎?簡單來說,你需要觀察學校的文化氣息,這是無法從學校網站知道的。

宿舍環境及飲食

你的孩子將會在學校宿舍裡度過一段長時間，所以你一定要看看宿舍的房間和浴室。另外，多數學校導賞都包括參觀飯堂，你可以記下食物種類和菜式，並詢問你的導賞員對食堂餐點的評價，甚至問他們最喜歡哪些食物。

如果你的孩子有食物敏感，可以請招生官講解學校會如何為有需要的學生安排飲食，也可以讓導賞員告訴你無麩質（Gluten Free）和不含乳製品（Dairy Free）食品的存放地點。

校規

對於國際家庭來說，寄宿學校的「代理父母」角色可能更為重要。你可以向招生官查問學校的校規，以及如何 7×24 全天候監管學生。不同學校有不同校規，你應特別留意涉及重大違規的條款，比如：學術欺詐、濫藥和喝酒的處分。寄宿學校將學生的安全視為首要考慮，學校根據其地理位置，對學生在日間和週末離校也有不同規矩。學生需要徵得家長同意才能離開校園。除此之外，學生能在週末與朋友一起去購物中心嗎？學生在平日下課後，可以去走讀生的家中作客嗎？若你的孩子不慎違反了這條規則，會有甚麼處分？之後，你應再與你的孩子討論，確保他們理解該校校規。

國際學生比例

當父母送孩子去美國寄宿學校接受教育，如果一間學校有太多與你孩子來自同一地區的學生，學校對你的吸引力或大減，因為學生們或會自成一角，你的孩子或難與來自其他地方的學生交流。若來自同一地區的學生太少，這所學校也未必吸引你，因為家長們可能會擔心孩子沒有機會與背景相似的學生相處而感到孤獨。如家長希望傳達出自己相當重視學校包容性和多元化的訊息，可以向招生官了解該校國際學生的比例。

要了解這個話題，毋須直接詢問招生官，你應該在導賞過程中注意觀察學校是否多元化，並在面試時表達個人意見，引導招生官講述更多學校的多樣性。例如「我們在餐廳好像看到有許多國家的國旗。」這

些說話很可能會引導招生官分享該校有多少國籍的學生，他們來自哪些國家，甚至具體數字。

該問甚麼問題？

家長面見時，你可以向招生官發問有關學校的情況，以便你了解學校有多適合孩子。在每間學校提問同樣問題，可以幫助你比較不同學校，能更深入了解學校之間的差別。跟學生面試一樣，家長應該避免發問在網站或招生手冊上顯而易見的資訊。以下為建議問題，你可選擇你認為最重要的 5-6 條問題在面試時發問。

1. **貴校如何在日常中貫徹自己的教育使命和理念？（記得先研究每間學校的使命和教學理念）**

   How is the mission or philosophy of the school carried out in school on a day-to-day basis? (remember to research each school's mission or philosophy)

2. **貴校如何鼓勵學生發展強項，以及支援學生改善弱點？**

   How does XYZ school encourage a student's strengths and help support a student's weaknesses?

3. **貴校的學生們有機會嘗試挑戰新事物嗎？你能舉個例子嗎？**

   Do students have the opportunity to try new things? Can you give me an example?

4. 學生每晚要做多少功課？教師派發功課的理念是甚麼？學生們可以在哪裡做功課？

How much homework is there on a nightly basis, and what is the general philosophy about homework? Where can students do their homework?

5. 學生每天有多少休息時間？

How much downtime do students have in a typical day?

6. 請描述貴校的畢業生。

Describe the typical graduate of XYZ school.

7. 有多少學生會在畢業前離開，他們提前離校的常見原因是甚麼？

How many students leave before graduating, and what are the most common reasons why they leave early?

8. 每年教職員和其他員工的人事變動情況如何？他們為甚麼離職？

What are your faculty and staff turnover from year-to-year, and what are the most common reasons faculty and staff leave early?

9. 學校有甚麼家長組織、其參與程度如何？家長可以怎樣貢獻校園？學校會如何跟家長、特別是國際學生的家長溝通？

How engaged is your parent organization, and what kind of activities do parents contribute to campus life? How does the school communicate with parents and international parents in particular?

10. 你們有甚麼活動／項目幫助新生融入學校？

What activities/programs do you have to help transition new students into the school?

學校歡迎國際學生的家長積極參與，成為學校的一分子，你可以向面試官提出以下問題，以示你非常關心你的孩子及他就讀的學校，甚至願意為學校付出。

1. 學校有多少機會讓家長探望子女？

How often does the school have opportunities for the parents to visit their children?

2. 學生的導師和家長之間有甚麼溝通方式？如果孩子的成績不好或者生病了，學校會怎樣處理？誰會聯絡我？

What type of communication is there between the student's advisor and the parent? What mechanisms are in place if my child is not doing well academically or gets sick? Who will contact me?

3. 家長們可以如何在美國當地或在自己的國家為寄宿學校服務呢？（這個問題可以讓學校知道你願意幫助學校，因為很多寄宿學校也依賴家長義工的幫忙。）

How can parents get involved in the school community locally and in my home city?

117

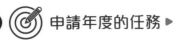

4. 在學校假期和公眾假期期間，學校會否提供往返機場的交通？

   Does the school provide transportation to and from the airport for school vacations and holidays?

5. 在感恩節或家長週末（Parent's Weekends）等短假期，留校學生要守甚麼規則？

   What is the policy for the students staying at the school for the shorter breaks like Thanksgiving or Parent's Weekends?

6. 在學生宿舍關閉（例如暑假）時，寄宿學生需要另覓住處，還是學校仍會為學生提供住宿？

   Do students need to find a place to stay because the dorms are closed, or does the school continue to provide housing for those students who live far away?

7. 大多數父母相當關心孩子的健康和安全，學校有甚麼管理機制？

   Most parents are concerned about health and safety. Ask how these areas are addressed.

毋須再詳述孩子成就

大多數面試官會先說說孩子在面試時說過甚麼、面試官對孩子有甚麼了解，以及稱讚你的孩子在面試時表現得不錯。謹記，面試官會盡力讓家長放心，也會稱讚孩子的表現，以至有部分家長可能會認為自己的孩子很大機會被錄取而顯得「得意忘形」。

對多數家長來說，孩子是他們的驕傲，因此他們在家長面試時會誇讚孩子，這是人之常情。不過一般而言，學校都不希望父母將孩子的成就娓娓道來。相反，當招生官分享他們對你的孩子有何了解時，你應仔細傾聽，因為 99% 的學生要麼忘記了一些重要的事情、要麼不夠時間分享。因此，若你意識到你的孩子未有分享一些重要履歷，你可以嘗試以問題來重申相關資料。

例如，如果孩子的「X 特點」是寫作，而且似乎未有向招生官分享過任何寫作的熱情和經驗，你可以這樣說：「我注意到你的學校有一份由學生出版的學生雜誌，Jimmy 有沒有告訴你『他對創意寫作相當感興趣』？」

由於面試時間有限，如果你要添加資訊，你必須確保這項資訊是重要的。例如，如果你的孩子忘記提及自己會拉大提琴，又或是數學小組的一員，或者在一齣戲劇中擔任主角，這些都是重要的個人興趣和經驗。但在二年級的寫作比賽中獲得優異獎，這就不是重要資訊。請放心，如果你的孩子在申請時做好準備，他們的重要成就也應會列在申請文件上。

那些堅持在家長面試中回顧孩子所有成就和獎項的家長，就像「過分熱情」的面試學生。你要知道，招生官更希望從父母口中聽到孩子的性格和特質，而非已經寫在文件上的獎項和成就。

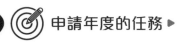 申請年度的任務 ▶

以下是家長面試的常見問題：

1. 說說你的孩子吧。

Tell me about your child.

2. 你為甚麼對我們的學校感興趣？

Why are you interested in our school?

3. 你的孩子對甚麼感到最自豪？

What is your child most proud of?

4. 你的孩子曾為了實現目標而嘗試付出很大努力嗎？

Describe something your son/daughter worked very hard at accomplishing?

5. 在週末和節日，你的家人喜歡一起做甚麼？

What does your family like to do together on weekends and holidays?

6. 你的孩子對學校和學習的態度如何？

What is your child's attitude towards school and learning?

7. 你的育兒理念是甚麼？

What is your parenting philosophy?

8. 你對於孩子是否準備好進入寄宿學校，有甚麼顧慮？

Do you have any concerns about your child's readiness for boarding School?

9. 你還申請了哪些學校？

What other schools are you applying to?

你還申請了哪些學校？

讓我們討論一下第 9 條問題 —— 「你還申請了哪些學校？」雖然寄宿學校也會追蹤學生在其他學校的申請和錄取情況，但如果你被問及申請了哪些學校，你必須仔細考慮你的答案。這個問題其實是希望了解家長是否清楚了解自己報考學校的考慮因素。若你的學校名單只考慮排名而學校沒有共通點，只會向招生官傳遞一個訊息：你不看重學校的合適程度，只關心學校的排名。這不是一個好答案。

招生學校也希望評估學校在你的名單內的排名。如果你申請了很多學校，你的孩子能夠入讀學校的機率有多高？正如第 2.1 章建議，你應該以平衡原則制訂選校策略，學校名單應該包括收生非常嚴格、嚴格和略為寬鬆的學校。若你的孩子需要特別學習支援，這份名單也應該包括有提供學習支援的學校。

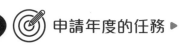
別成為怪獸家長

所有家長都會問，家長的表現會否影響孩子被錄取的機會。答案是：
「不常見，但有可能，而且也曾發生過。」有些家長（而非學生）會
被招生官 Say No！特別在競爭激烈的學校，有很多優秀的申請者（包
括家長）；或是在需要家長較多參與的小規模學校，招生官也會看重
家長的表現，因此你必須確保自己在學校時不會做出一些減低孩子被
心儀學校錄取的機會的事情。

一般來說，招生官最討厭「怪獸家長」。寄宿學校的教育理念是與家
長合作，一起教育和培養孩子，但「怪獸家長」一般會展現出「高姿
態」、不會表現出自己想成為學校的夥伴。他們可能會質問畢業生的
大學錄取情況、盡情誇讚自己孩子的成就和能力，並且表示學校必須
滿足孩子的需要。

若家長過分詳細說明孩子的成就，招生官可能會懷疑家長在過程中是
否「過度參與」。

DON'T

1. **頻繁致電招生辦公室。**

   這種情況通常出現在提交申請資料之後，雖說網上提交申請後，學生的資料理應會立即在學校申請系統（SAO 或 Gateway）上出現。然而，事實並非如此，大多數學校需要兩星期時間來處理申請文件，請給學校多一點時間！

2. **取消預約，尤其是在沒有充分理由的情況下多次取消探訪預約。**

3. **遲到。**

   謹記，你到訪的時間是寄宿學校一年中最繁忙的時期，招生官會不斷與學生和家長見面，因此，若你遲到，將大大影響孩子面試的時間。此外，由於在校學生利用自己的空堂帶領你參觀學校，如果你遲到，學生導賞員也未必有時間為你提供導賞。萬一你真的遲到，你應立即通知招生辦公室。如果辦公室願意接納你的遲到原因，請你一定要在到來的時候道歉！

4. **詆毀你孩子現時就讀的學校和現在的老師。**

5. **隱瞞孩子有特別需要的訊息。**

   如果你的孩子需要額外學習支援，你應在面試的前期說明，以確保你的孩子適合在該校生活，學校也能提供足夠支援。

6. **對孩子施加過多壓力，以及過分詳細描述孩子的成就。**

   招生官可能會疑惑，家長是否「過度參與」？這到底是誰的成就？

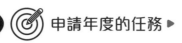

DON'T

7. 將學校分排名和級數。

其實，招生官知道你正在報考數間學校，也鼓勵你這樣做，以找出最適合你孩子的學校。但不管這間學校是你的首選還是後補，你都應該表現你的熱情和讚美對方。

8. 代孩子回答問題。

請讓你的孩子自行回答吧！如果家長過分干涉，招生官可能會懷疑學生是否自願決定報考學校、是否全情投入在整個申請過程中，或質疑學生的個人能力。

9. 利用你的背景和關係。寄宿學校重視多元化，招收來自不同背景的學生。

在申請表格上，你可以填寫你的職業。若你的家人或朋友曾在這間學校就讀，或與這間學校有關聯，你可以在面試時提到這一點，但不宜過分強調。最佳的做法是在你到訪前，先讓這些與學校有關係的人與招生部門聯絡。

10. 詢問該校有多少畢業生被哈佛或耶魯大學等名校錄取。

你可以在學校網站上找到詳細的大學入學名單。如果你希望了解升學輔導，建議採用以下方式提問：

・貴校的大學升學輔導從哪一年開始？
・貴校的大學升學輔導與其他學校有哪些不同之處？

11. 詢問孩子被錄取的機會率。

DON'T

12. 批評孩子、只講負面說話。

升學輔導主任可能會問你:「你會否擔心孩子還未準備好到寄宿學校?」或者讓你分享孩子曾經歷的挑戰。你可以提前準備好如何回答這些問題。大家都知道,沒有一個孩子是完美的,你可以說出孩子已面對的挑戰,並提出孩子是如何改善自己、如何從困難中成長,而非集中說明孩子的弱點。(這類孩子的成長經歷,能有助你準備家長文書。)

13. 跟每間學校說:你是我的第一選擇。你說的比真正付出的為多。

讓學校知道你正在比較不同學校,這是完全可以被接受的,因為學校也知道這是一項重大決定,也希望你能為孩子做出最合適的選擇。

在你參觀學校後,可以讓孩子寫下自己的真實意見。如果你們已經參觀了名單上所有學校,你可以慎重地將這些意見轉述給招生官,並尊重孩子的選擇,讓孩子決定自己想入讀甚麼學校。(如何與孩子商量學校偏好,將在後續章節詳細討論)。

14. 過分熱情。

正如前文提及,大部分招生官通常會稱讚你的孩子,有時甚至熱情回應,相當明顯地喜歡你和你的孩子,以至令父母得意忘形或過於自信。

15. 送禮。

有些國家有送禮文化,不過那怕是送一件小禮物,在美國寄宿學校也是不合適的。家長千萬不要送禮物給面試官!一個微笑、禮貌的握手,以及衷心道謝,已經足夠(也是必須)。

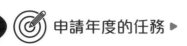

申請年度的任務 ▶

面試後，學生應該會獲得面試官的名片，為免你的孩子遺失而導致你需要在網站上逐一搜索面試官的資料，家長最好也向面試官拿取名片。在家長面試結束後，你也可以把你的名片送給招生官。

想像一下探訪一間寄宿學校，就像你探訪別人的家。從你進入到離開學校，你應對每一個遇到的人都表現你的禮貌和友好。緊記關掉你的手機。你也要提醒你的孩子在一星期內給面試官寫一封感謝郵件。

最後，盡你所能讓你的孩子在探訪過程中放鬆。當你準備得愈充分，你就愈輕鬆，你的孩子也會愈輕鬆！

第三步

秋季開學後報考

3.1 - 選擇合適申請渠道
3.2 - 寫好申請义書　散發形象魅力
3.3 - 亮眼推薦信　入學關鍵
3.4 - 補充資料　切勿留白

大多數學生會在開學後的秋季學期申請報考學校。雖然你已經做好報考寄宿學校的計劃，但計劃能否成功，關鍵在於如何執行。Palo Alto 軟件公司及 Bplans.com 創辦人兼董事長貝里（Tim Berry）是一名暢銷商業書籍的作者，他說：「一份絕佳的商業計劃是在於一分部署、九分執行。」

申請寄宿學校是需要計劃的，並不是在最後一刻才決定。要符合申請美國寄宿學校的要求，並在截止日期前完成所有申請程序，是一項不簡單的任務。有些人或會用上超過 100 小時去了解申請過程及完成所有事前的申請準備。謹記，你必須在截止日期前申請及遞交所有文件 —— 假如你錯過了最後限期，那就只能等待明年再提交申請了，規則就是如此公平！

3.1 選擇合適申請渠道

在開學後的秋季，大部分學生會準備申請學校，同時他們要在校內努力學習、準備應考 SSAT、進一步發展「X特點」、準備面試，同時還要參觀寄宿學校等。此外，學生也要考慮父母及老師的時間安排，因為他們需要為你撰寫其他申請文件，例如老師推薦信、家長文書等。由此可見，開學後的秋季是一個繁忙時期，你必須思考出最有效率的方式，以達到所有要求及完成申請程序。這節會先介紹眾多申請渠道及運作模式，助你能夠遞交一份吸引的入學申請。

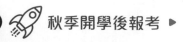 秋季開學後報考 ▶

 申請必備文件

前文已經討論過申請美國寄宿學校的要求，以下列出所有申請時必備
文件和事項：

圖表 3.1 申請入學清單

必需項目
標準化考試（第 1.1 章）

面試（第 2.3 章）

申請表格／申請系統（第 3.1 章）

學生成績單（第 3.1 章）

申請費（第 3.1 章）

性格測試（Character Skills Snapshot）（第 3.2 章）

學生文書（第 3.2 章）

補充論文（第 3.2 章）

家長文書（第 3.2 章）

推薦信（第 3.3 章）

已評分的寫作功課（第 3.4 章）

非必要項目
學校探訪（第 2.2 及 2.3 章）

多媒體連結（第 3.4 章）

大多學校 1 月中截止申請

學生及家長可在每間學校的網站及學校申請系統（SAO 或 GTP）找到申請的截止日期。有些學校在學位滿額前均接受申請（Rolling Admissions），但一般寄宿學校的申請截止日期在 1 月 10 日至 15 日，有些學校則會遲至 2 月 2 日。

每間學校的申請費有所不同，也需視乎申請人是本地學生還是國際學生。你可以在學校網站、SAO 或 GTP 系統找到相關資料。

131

 秋季開學後報考 ▶

 # 3 個申請渠道　各有好壞

你可以 3 種方法申請美國寄宿中學，學生應自行查看每間學校接受哪些報名系統：

1. *學校網上申請系統*（School Specific Application）
2. *SAO*（Standard Application Online）
3. *GTP*（Gateway to Prep Schools）

SAO 和 GTP 可以讓學生一站式申請多間美國寄宿學校，不過有些學校只有自己的官網申請系統。一般來說，學校的網上申請系統由學校或第三方營運，好處是學生可因應學校獨特的情況來撰寫一份適合的申請表。

當然，學生、家長、推薦人需要花大量時間才能完成一間寄宿學校的申請，這顯得效率不高。如果你打算報考的學校只有官網申請渠道，你也只能按規定而行；如果學生只申請這間學校，或將這間學校視為首選，那還是值得花點時間。但在一般情況下，學生會以 SAO 或 GTP 系統申請多間學校，策略上會更具效率。

SAO 系統　一站申請多間學校

Standard Application Online 系統（SAO）是申請寄宿學校的常用渠道，

使用相對簡單。當你使用 SAO 系統申請學校時，不論你申請多少間學校，你也只需要填寫一份表格。

1. 所需文件

家長評估表（Parent Evaluation Form）：這是由家長填寫的，父母需要為子女的性格技能評分，反映子女的社交和心理能力準備度（第 1.1 章已討論過），而這些品格技能亦深受寄宿學校的重視。其中很多技能也會在性格測試（Character Skills Snapshot, CSS）中評估，第 3.2 章將進一步解釋。

家長文書（Parent Statement）：為了讓招生官更了解學生，家長需要寫下 4 篇關於孩子的故事，不設字數限制。第 3.2 章將進一步解釋。

學生文書（Student Essay）：學生需要完成 4 篇文章，其中 3 篇的字數上限為每篇 250 字，另一篇的字數上限為 500 字。第 3.2 章將進一步解釋。

推薦信（Recommendation Forms）：由於推薦是保密的，學生須透過 SAO 系統邀請老師填寫推薦信，然後老師再按電郵指示一步步完成推薦。使用 SAO 系統申請的所有學校，都會收到同一份推薦信。第 3.3 章將進一步解釋。

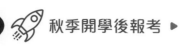

秋季開學後報考 ▶

2. 必須提交的推薦信

英語科老師推薦信（English Recommendation Form）：這份推薦應由**申請年度**的英語科任教老師提交，英語老師應就學生的英語知識、技巧及個人發展給予意見。需要注意的是，這份推薦不能由學生的前任英語老師撰寫。

數學科老師推薦信（Math Recommendation Form）：這份推薦是由**申請年度**的數學科任教老師提交，要求老師就學生的數學知識、技能和個人發展給予意見。由於大部分學校都會在開學前安排數學科分班試，數學老師的建議也好讓寄宿學校知道怎樣為學生分配合適的數學班級。

校長／班主任推薦信（Principal/Guidance Teacher Recommendation Form）：現時學校的校長／班主任可針對學生的學業、行為、公民身分和對學校的貢獻等在校生活撰寫一份綜合建議。

3. 其他推薦文件

個人推薦信（Personal Recommendation Form）：並非所有學校都要求學生遞交個人推薦信，如學生打算提交個人推薦信，這份推薦應該介紹學生的特色。有些父母會為子女尋找有名氣的人士來推薦，這策略無疑是好，但他必須熟悉學生。否則，這名陌生「名人」的意見，價值反而遠遠不及一個認識了學生很久的普通人。

其他教師的推薦（Any Teacher Recommendation）：學生可找數學及英語科以外的老師來推薦自己，通常是教授第二語言或其他學科的老師。這些老師也可就學生的學科知識、技能和個人發展給予意見。同樣地，其他教師的推薦也不是必須的。

學校報告及成績表（Official School Report and Transcript Form）：大多數寄宿學校會要求學生遞交過去 2 年及申請年度最新的成績。這些成績表和報告不能由學生或家長上載，而是必須由學校校務處親自以電子方式上載至 SAO 系統。

追蹤文件遞交狀況

在 SAO 系統平台上，你可以隨時看到每一份文件的遞交狀況。例如在數學科推薦的分類（Math Recommendation tab）下，學生可以透過 SAO 系統發送推薦信電郵給任教老師、追蹤他何時下載文件、何時完成推薦並上載。你也可以自行在系統中檢查是否有任何未遞交的文件。

SAO 系統的好處

1. 申請寄宿學校的過程繁瑣，需處理大量事宜，同時學生還需要跟上學習進度和發展其他興趣活動。SAO 系統可讓學生同時申請多間學校，只需要填寫一份表格，方便快捷。

2. SAO 系統的限制不多，學生有機會自由地、深入地描述任何有
   關自己的「X 特點」、興趣和活動。

3. SAO 系統對上載多媒體連結（如短片）和補充文件不設數量限
   制，學生可任意上載。第 3.4 章會再討論甚麼是有意義的補充
   文件。

4. 雖然學生應遵守學生文書的字元（character）限制，但大多數
   SAO 系統給予彈性，回答重要問題時，即使超出小量字數也仍
   能上載答案，不成問題。

SAO 系統的缺點

1. 由於 SAO 是統一的系統，學生上載的文書是會統一發送至所有
   申請的學校，因此學生不應在任何申請文件中特別提及某一間
   學校的具體情況。這是最大的缺點。

2. SAO 系統會要求學生提交學生檔案、問卷和指定人士（現任英
   語老師、數學老師和校長）的推薦文件等。有些學校會再要求
   學生遞交其他文件，例如補充論文（第 3.2 章會再討論）。這

些學校要求的附加文件會被放在 *SAO* 系統中不太當眼的位置
（該學校的下拉標籤），很容易被人忽略，最後或導致學生遞
交的資料不足。

給家長的提醒

值得留意的是，所有 SAO 學術推薦都會要求推薦人說說自己與學生家
長的關係。如推薦人曾與家長聯繫，系統會要求推薦人評價家長對學
生能力的想法，是否與學校的想法一致。家長應該留意，他們與孩子
現任老師的互動會影響到其對學生的評價。

前文已經討論過家長在申請過程中應扮演甚麼角色。在關於家長面試
的章節中，我們曾經討論過一個苛刻而且難以相處的父母的例子，如
果父母覺得孩子現時的學校不能符合孩子的要求或期望，他們應謹慎
地與老師說明這個話題。

GTP 系統　可針對學校「客製」資料

GTP（Gateway to Prep Schools）系統也可以讓學生一次過報讀多間美
國寄宿中學。與 SAO 相比，GTP 除了有統一表格外，個別學校也會在
系統內設置不同表格。GTP 系統所需的文件可分為 3 個部分：申請人
檔案、個別學校資訊、推薦信及成績表要求。

 秋季開學後報考 ▶

1. 申請人檔案

學生將個人檔案輸入到「我的學校」（My Schools），包括個人資料、課外活動記錄、學業獎項及成就，以及多媒體連結等。這是 GTP 系統的統一部分，所有你在這系統申請的學校都會收到這些資料。

2. 個別學校的所需資料

學生完成申請人檔案以及付費後，就可以進入下一部分 —— 填寫個別學校的特定所需資料。這些特定要求包括學生文書、家長文書和補充論文（如寫作樣例）。

要特別注意的是，當完成第一部分及付費後，就不能返回第一部分修改或增補資料。不過在付費前，學生可以預先查看第二部分有關不同學校的要求。我建議學生預先查看個別學校的特定要求，再按格式在個人電腦上處理個別學校要求的文件。在臨近限期前或確定沒有新增資料的情況下，才在 GTP 提交第一部分、付款、進入第二部分。因為愈接近限期前提交的申請，資料理應是愈齊全的（提早遞交不會獲額外加分！）。若你在提交需要更新資料，你需要另外將資料發送至個別學校的電郵，這會降低效率及有機會出錯。

3. 推薦信及成績表

跟 SAO 系統一樣，GTP 系統上的每間學校都需要學生遞交該年度的校長、顧問老師、英語老師和數學老師的推薦，學生可以透過系統發出

電郵，邀請他們填寫推薦信，他們上載的推薦信，也會統一發送至所有申請學校。與 SAO 系統一樣，校長和老師們提交的推薦信，會發送至 GTP 系統中的所有學校。

有些學校會要求學生提交其他人士的推薦信，例如其他學科老師、興趣班導師、教練或其他人士等。這一類的推薦信，部分為必需，有些為非必需。你應檢查清楚每間學校的要求，然而即使是非必需的，也建議你盡量配合。

追蹤文件遞交狀況

如 SAO 系統一樣，你也可以在 GTP 系統的檢查清單上（如下圖所示），查看每一項申請資料的進度，非常方便。

圖片來源：
Gateway 系統網站
https://www.gatewaytoprepschools.com

 秋季開學後報考 ▶

GTP 系統的好處

1. 第一部分是統一的，學生的個人檔案會發送至所有申請學校，毋須重複填寫。

2. 第二部分是個人化的設置，每間學校會獨立地設置問題，這容許學生和家長針對個別學校而準備不同的回答。

3. 在第三部分的推薦信，系統不會詢問家長與現任老師之間的互動和關係。

GTP 系統的缺點

1. 學生在敘述興趣及活動、獎項及成就、多媒體連結及補充資料時，可以輸入資料的空間有限。

2. 有嚴格的字元限制。

SAO 還是 GTP？

有些學校提供多種報考渠道，通常學生會在 SAO 和 GTP 之間猶豫不決，不知應選擇哪個系統？你可以想想以下 3 個問題：

1. 學校有沒有建議學生採用哪個系統？

有些學校雖然接受多個申請渠道，亦可能會建議學生採用某個渠道。這時，依照學校的偏好來選擇，當然較為可取。

2. 哪個方式對你的申請策略較有利？

你比較擅長以哪一種方式回答學生文書？又或者你需要上載很多活動及獎項紀錄等？

3. 哪個渠道更具效率？

這通常是主要原因，選擇最省時間的申請方式，可以讓學生和家長更專注於其他準備工夫，如學業成績、課外活動或準備考試等。

切忌在多個系統向同一間學校提交入學申請。如果你使用 GTP 系統申請某間學校，就不要使用 SAO 系統重複申請，因為這會造成混亂。

當然，現實中，很多學生會同時使用 SAO 和 GTP 系統，以滿足不同學校的要求，例如以 SAO 系統申請 5 間學校，另外 3 間學校則使用 GTP 系統申請。無論如何，你應該以省時為最優先考慮，而不應影響申請資料的質素。

3.2 寫好申請文書散發形象魅力

現在是時候把你做好的所有準備集合在一起。在第一和第二步已討論過申請表的重要性。學生和家長均需要填寫申請表，學生透過學生文書、展示活動和獎項、分享多媒體連結等，家長則透過家長文書，同時向招生官介紹你的形象，並引導學校將你放到「貨架」上。

 ## 學生申請表

學生文書須突出「X 特點」

你應該已經裝備好自己，擁有突出的「X 特點」！那麼，你應該在學生文書中向寄宿學校展現自己的獨特之處。無論只有 150 字元輸入限制，還是上限為 500 字的文章，學生文書都是與招生官建立關係的好機會。在絕大多數情況下，學生文書都沒有標準答案。

學生文書可讓學生向寄宿學校展示自己的寫作能力。由於招生官沒有太多時間仔細閱讀每份申請，所以你必須突出自己。你應該把學生文書當作講述自己的故事，也要嘗試令故事變得有趣，吸引招生官追看，你可以想想一些刺激的題材，這可能有別於你平日寫的作文功課。學生文書容許學生：

1. 以文字表達自己的學業準備度
2. 闡述參與過的活動和個人興趣
3. 生動地表達自己
4. 分享一些自己沒有在申請表提及過的事
5. 呈現這份申請表背後的自己

勿假手於人

請記住，大多數招生官都會以數個指標衡量學生的寫作能力，他們知道學生成績、SSAT/TOEFL 考試分數、SSAT 作文，以及不同人士對學生能力的評價。招生官善於識別出學生文書的文筆是否與其能力一致，他們能察覺到文章是否真正出自學生之手，所以切勿假手於人。

你應在學生文書真實反映自己的能力和想法，花時間解題和思考要寫甚麼，因為你的寫作主題要突顯出你的形象價值，及勾勒更多「X 特點」的細節。

很多學校都設有幾道不同的必答題，你必須深思熟慮。我建議學生先收集所有寫作題目，再針對每間學校的要求定下主題。你需要寫不同主題，如果你在 4 道作文題中，3 篇都提及你的辯論經歷，招生官對你的印象就只是「辯論組隊員」。招生官可能會更屬意一名對物理充滿熱情、又能領導社區服務，同時也對體育感興趣的學生，因為他寫出了他在不同領域的故事。當你寫出不同主題的作文時，才能讓招生官知道你未來能夠在多方面貢獻學校。

 秋季開學後報考 ▶

在開始寫作前，你最好先問問自己：

1. 哪一件事／活動對我**最有意義**？
2. 哪一件事／活動**突出了我的優點**（如信守承諾、負責任、合作、團隊精神、領導能力、創意、適應力）？
3. 我**最容易表達**哪一件事／活動？
4. 我在哪一件事上／活動中**貢獻最多**？
5. 哪一件事／活動是**最獨特**的？
6. 哪一件事對我有**最大影響**？

在規定字數內寫作

謹記，一定要遵照規定。大部分題目都會列明字數限制，而由於所有申請都在網上系統進行，系統更會限制申請者可以輸入的字元數量。部分系統會設有明確限制，即使僅多出一個字元，也無法提交答案。

部分系統則會略為寬鬆，例如在 SAO 系統的學校要求學生寫一篇 250 至 500 字的文章，實際你可能可以輸入多於 500 字（通常約 3000 個字元）。雖然系統寬鬆，但你應避免超出字數規定。將你的答案保持在規定字數內，也能證明自己是個守規矩的學生。

不同作文長度及題型

所有申請人都最少需要提交 1 篇文章，有些學校可能需要數篇作文，當中包括長文寫作、短答題或填充題。無論題型是甚麼，學生都應該花心思寫出自己的答案。

長題目：若你要寫下你從出生至今的生活故事，那麼這篇文章的標題會是甚麼？原因是甚麼？

（You have just been given the assignment to write your life story from birth until today. What will the title be and why?）

短題目：你如何幫助別人？

（How have you been helpful to other people?）

封閉式問題：如果你來到 XYZ 學校，請告訴我們甚麼事會令你感到最興奮。

（If you were to come to XYZ, tell us the one thing you would be most excited about.）

開放式問題：說說一個你曾經深信不疑，但現在已不再確信的情況或現象。到底是甚麼原因令你改變了想法？

（Discuss a situation or issue you were once certain about — but now you are no longer so sure. What changed your mind?）

批判性問題：如果你可以在國內或國外解決一個全球性問題，那你會解決甚麼問題？為甚麼？

（If you could solve one global issue at home or abroad, what would it be and why?）

秋季開學後報考 ▶

創意性問題： 你回到 XYZ 學校參加 20 周年聚會。說說你畢業後的經歷吧。

（You are back at XYZ for your 20th reunion. Describe your journey since graduation.）

當你完成寫作後，你應再三細閱自己的文章，在點擊「提交」按鈕之前，你需要檢查以下內容：

1. 我的文章是否反映自己的真實能力和想法？

2. 我的文章能突出我的優點嗎？

3. 我的文章是否獨特、能夠代表自己？

4. 我的文章能反映我的寫作能力嗎？

5. 我的文章是否說出了自己的事？讀者（招生官）能更了解我嗎？

補充論文：為甚麼選擇我們學校？

很多學校會要求學生作答補充論文，題目多為「為甚麼選擇我們學校？」（Why a XYZ School essay?），寄宿學校非常重視這道問題，因為這反映了學生是否已經認真考慮過，想要進入他們的學校。學生應該趁這機會清晰地向學校表達出為何學校適合自己，及為何自己適合學校。如果你有特別的「X 特點」，想想你能如何貢獻學校，並在你的作文上向招生官傳達這個訊息。

你可以在學校網站上，看看學校有哪些適合你或令你感興趣的項目和活動。此外，你還記得參觀校園的細節嗎？你可以寫下你在參觀校園導賞時的經歷，也許學生導遊分享了一些有用的資訊，或者你發現了與個人「X 特點」相關的學院。這些內容都與你的強項有關，你也能藉此分享自己如何能貢獻學校。

小貼士

· **在開始寫作前，先閱讀所有說明。**

如果學校要求你寫 1 頁，就別提交 5 行或 5 頁。如果需要手寫回答，就不要打字。有些網上系統設有字數上限，有些卻限制不多，讓你可以寫更多內容，但你仍需要遵守字數限制。

· **及早開始。**

具競爭力的學校可能要求學生寫 15 篇以上作文。如果在限期前趕工，只會徒增自己的壓力和影響寫作質素。

· **集思廣益。**

在思考答題時,你可請教老師、父母或教育顧問,甚至嘗試跳出框框思考。

· **說故事通常是最有效的。**

試用一個生動的方式來講述你的故事,而不是平鋪直敘。以生動的敘事說明自己的主動性、處事態度和同情心,這可謂最有效的策略。

· **調整答法。**

如果你申請了數間學校,試著在學生文書的題目中尋找共同點,並以同一答案寫下多間學校的學生文書。

· **仔細校對。**

檢查你的內容有否語法和邏輯錯誤。在調整答法的時候需要非常留心,避免將對 A 學校的讚賞字眼發送至 B 學校,這樣的申請表必敗無疑!

· **真實。**

這些作文應是屬於學生的,而不是家長。家長當然可以提出建議和校對文章,但文章應是由學生親自寫作的。學校是根據多項因素來決定是否合適,其中一個因素就是學生的寫作質素。超出學生能力範圍的文章可能會讓學生進入不適合的學校,令學生產生巨大壓力,最終只會阻礙學生在寄宿學校生涯中取得理想成就。此外,學校會比較學生文書和 SSAT 的寫作樣本。如果兩者的質素相差甚遠,學生有可能被懷疑欺詐,並不予錄取。

CSS 評估 7 項性格特質

如前所述，學校決定是否錄取學生時，會考慮多個因素，學生的性格
也是其中之一。SSAT 網站會列明哪些學校要求申請者完成性格測試
（Character Skills Snapshot, CSS），學生可以在 SSAT 網站完成這份測
試，一般需時約 30 分鐘。學生在整個申請年度（8 月 1 日至翌年 7 月
31 日）只能做一次 CSS。

學生做 CSS 前，家長先要在家長帳戶（parent portal）上授權。獲得許
可後，學生就可以在學生帳戶（student portal）做測試。

學校招生組及考試組的專家設計 CSS，除了是
要評估學生的學術表現外，**求知欲、團隊合
作、主動性、抗壓能力、自我約束、思想開
明和社會意識**等特質都是考量學生是否準備
充足和適合學校的重要因素。留意，CSS 只是
一個現時的短期紀錄，絕對不是學生性格的
指標，因為學生在成長過程中會持續發展這些
性格特質。

圖片來源：
SSAT 學校網站
https://www.SSAT.org/snapshot

小貼士

通過對比同齡學生的分數，學生的 7 種性格特質表現會分為 3
類：隱約浮現（Emerging）／發展中（Developing）／完全顯露
（Demonstrating）。

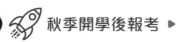 秋季開學後報考 ▶

1. **隱約浮現：**

與朋輩相比，學生分數低於 25 個百分位，表示學生開始出現發展該項性格特質的跡象。

2. **發展當中：**

與朋輩相比，學生的分數介乎 25 至 75 個百分位之間，意味屬正常水平，正在發展該性格特質。

3. **完全顯露：**

與朋輩相比，學生的分數高於 75 個百分位，這類學生展示出自己對這種特質的理解和應用，但這不代表精通了，學生還有成長空間。一般而言，不會有人認為一個初中生能夠完全顯露這 7 種特質。

我們強調 CSS 的性格特質，是因為學校會傾向招收具備這些性格特質的學生。就像學校會透過成績、SSAT 分數等評估學生的學業準備程度，社交及情緒準備度則由 CSS 來評估。CSS 已經在寄宿學校成為一個有用的指標，因為上述 7 項性格特質是寄宿學生必備，以及是日後成功所需的養分。在寄宿學校裡，所有學生都會遇上不同方面的困難，這些性格特質有助學生訓練自己的自我管理、社會意識及抗壓能力等。

圖片來源：SSAT 網站
https://www.SSAT.org/snapshot

寄宿學校的教學基礎是求知欲、團隊合作和思想開明。如果學生不具備這些性格特質，是不可能融入寄宿學校的生活中，當學生準備入學前，應該再次檢視自己是否已具備這些特質。正如你想提升 SSAT 分數，試找出你的性格弱點，找機會好好訓練吧。

 # 在暑假寫好家長文書

在學生申請寄宿學校前的夏季，是開始計劃撰寫家長文書（parent statement）的最佳時機。若在暑假完結前寫好，之後便可以全力準備日後探訪學校時的家長面試。

很多家長都希望了解家長文書的作用及重要程度。其實，家長文書是介紹孩子的好機會，家長可以仔細分享孩子的學習方法、興趣和強項，給學校多一個切入點，從家長的角度進一步了解學生。另一方面，寄宿學校是一個小社區，希望學生及其家庭成員也能認同學校的管理哲學，並會參與其中，因此學校也會以家長文書來確認家長是否符合學校的教學理念及文化。

大多數的家長文書既不會讚揚，也不會批評孩子。招生官希望從家長文書中找出線索，以得到以下重要問題的答案：

1. 這些父母能否成為教育孩子的夥伴，抑或他們要求過高？
   如果孩子遇上困難，父母是否講道理呢？

2. 這些父母能否在他們所屬的社區中表現出與學校一致的價值觀？

3. 這些父母會成為學校社群的一分子嗎？

從 SAO 學校的陳述開始

大多數學校都要求申請者提供家長文書。SAO 系統的學校會要求家長撰寫 4 篇家長文書，GTP 系統的學校則各異，題目亦不一樣。由於大部分學生都要考 SAO 系統的學校，因此家長可以構思撰寫 SAO 的家長文書，然後再細閱 GTP 系統個別學校的題目，若問題相似的話，你或可以「重用」這些回答。

真誠且客觀

經驗所得，很多家長在初次會面時都會為孩子的成就而自豪。要讓父母客觀持平地評估自己的孩子，雖不容易，卻必須做到。

父母可以重新細看孩子過去兩年的成績表和老師寶貴的評語，了解孩子在校內的學習情況及課外活動的發展，看看這些評語是否跟以往相同，還是顯示出你的孩子已成長不少？除了好好觀察孩子的發展，你也需要反問自己，希望孩子日後在寄宿學校除了學習外，還能得到甚麼經歷？

沒有孩子是完美的，招生官最感興趣的是孩子曾經歷的挑戰或挫敗。在介紹你的孩子時，要真誠、盡量準確及毫無保留，一份完整、真實、能夠描述孩子故事的家長文書，能夠吸引招生官，也能有助他了解及評估你的孩子能為學校付出甚麼。

你可以在家長文書描述孩子的學習情況、寫下他的強項，也毋須因為怕過度讚美而勉強挑出缺點，但你需要確保每一句都是實話。成功的校園學習生活會令孩子更健康和快樂，並為未來報讀大學帶來較大的優勢。

別重複孩子獎項成就

另外，你要避免重複孩子的簡歷或再次列出獎項和成就等，這些都不是家長文書的主要內容。請放心，如果你的孩子執行本書所述的計劃，他們已在學生申請表列出自己的獎項和成就。

試試以故事形式去介紹孩子的成就及性格特質，還記得 CSS 嗎？適應力、團隊精神、求知欲等都是寄宿學校看重的性格特質，你的孩子可

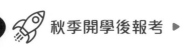
能擁有部分特質,而你可以寫下一些例子,說說孩子在過往經歷中如何表現出這些性格。

若孩子有學習困難……

如果你的孩子有中度至嚴重程度的學習困難,你應該在家長文書填寫相關細節。很多私立學校都會為有學習困難的學生調整課程,因材施教,有些學校更為這些學生設置了專門課程。你可以在申請前,看看每間學校提供甚麼相關資源和配套。如果你的孩子已經接受過教育評估,也請與專業人士討論孩子在寄宿學校內會有甚麼需求。

當你對學校保持開放和誠實的態度,就會為你和你的孩子找到一間快樂和合適的學校。若孩子在一間不合適的學校學習,很可能會面對挫折,最後可能要回家去。對於部分國際學生而言,當他們回家後,較難重回昔日的學校升學,最終只能入讀較低競爭力的學校。謹記,學生一旦從寄宿學校退學,未來的升學路將會變得曲折,所以找到一間最適合孩子的學校,才能確保他未來的成功。

最佳文書 ── 說出孩子的故事

總的來說,最佳的家長文書就是說出孩子的故事。盡量發揮你的創意,敍述孩子的趣事吧。你可以舉出不同反映孩子具體性格的例子,為陳述增添色彩。你也可以使用幽默的方式來表達這些故事,試想像收生主任閱讀這份陳述時的情形,你的陳述是否足以令人印象深刻?

我在這節的最後，總括了以下這些問題，可以幫助家長們構想你的文書，同時也能應對大部分寄宿學校會詢問的題目。

1. 你為甚麼要為孩子選擇私立學校？

2. 你認為孩子會為學校作出甚麼貢獻？

3. 你希望孩子在下一間學校培養甚麼技能或才藝？

4. 你會用哪3個形容詞來描述孩子？請以一段文字來解釋為何你會使用這些形容詞。請告訴我們關於孩子的一件事，以及你會怎樣套用這個形容詞在他身上。

5. 你的孩子擁有哪些令你欣慰的性格和思想特質？

6. 你認為孩子有甚麼優點和缺點？

7. 你是否擔心孩子未完全準備好入讀寄宿學校？

8. 你的孩子在學業和／或課外活動遇過甚麼挑戰？他如何面對這個挑戰？

9. 你的孩子在家中有著甚麼角色？他如何與兄弟姐妹、祖父母等家人相處？

10. 你的孩子最感自豪的時刻是甚麼？

11. 你認為孩子有哪方面的潛能？

12. 你為孩子設定了甚麼學習目標？

13. 請說出關於孩子的一件趣事。

14. 你的育兒哲學是甚麼？

15. 請告訴我們你的孩子在學校升學的過程。他曾否跳級或留級？
    或者曾被要求退學、停學或留校觀察？

3.3 亮眼推薦信 入學關鍵

推薦信是申請美國寄宿中學的關鍵，寄宿學校希望從客觀的推薦信中找出課堂上表現出色、具有求知欲、對學習有熱誠，並能透過提問、批判性思考和合作來解決問題的學生。一般來說，寄宿學校會要求兩封學術推薦信、一封校長／班主任的推薦信，學生也可以邀請其他人士為自己撰寫推薦信。

寄宿學校會透過推薦信比較申請學生與同輩在不同範疇的表現，評估範疇包括：學生是否勇於接受學術上的挑戰和失敗（willingness to take intellectual risks）、是否願意接受他人的想法和意見（open-mindedness to the ideas and opinions of others），以及特定所需技能等。推薦者需要回答以下問題：

1. 該學生投入課堂並熱烈參與討論嗎？

2. 該學生是否成績優異，卻在課堂上很安靜？

3. 該學生能在分組研習中表現出領導力嗎？還是不能與同學合作？

4. 該學生會在課堂上搗亂嗎？

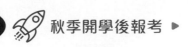 秋季開學後報考 ▶

學術推薦信須由現任老師撰寫

由於學術推薦信需要在申請年的秋季提交,並由現任老師撰寫,家長或會擔心現任老師未夠真正了解他的孩子,以致未必能寫下一封合適的推薦信,或者總是認為孩子與去年老師的關係「比較好」。其實,美國的中學也會在每個學年更換任教老師,每位老師撰寫推薦信時,也與學生相處不多於3至4個月的時間,其實大部分學生也同樣面對著這個問題,而寄宿學校亦清楚了解這一點,因此毋須過分擔心。

教師和其他教職員可能需要花上大量時間完成一名學生的推薦信。由於學生計劃轉校,學校大多不樂於協助,有些老師更可能因為學校的政策規定,而無法做到寄宿學校的要求。這個時候,學生和家長需要想想其他方法以獲得這些學術推薦信了。

若老師同意為你撰寫推薦信,他們必須透過 SAO / GTP /學校獨立申請系統直接向寄宿學校發送推薦信,這個過程理應保密。推薦信要求已在第 3.1 章列出。以下部分會討論學校向推薦人提出的具體問題,並說明各種推薦信所評估的事項。

英語科老師

正如第 1.1 章中所提到,寄宿學校需要判斷學生的英語水平是是否適合學校,因此學生現任英語老師的評語是非常重要。在推薦信內,英語老師需要回答以下問題:

1. 與同年級的其他學生相比，該學生的整體表現如何？

2. 該學生對所學的教材，理解程度有多準確？

寄宿學校也會希望老師能在推薦信內描述學生的性格及學習風格：

1. 與同年級的其他學生相比，請說說該學生的性格、責任感以及對學校有何貢獻。

2. 該學生是否願意接受建議或批評？態度如何？

正如前文提到，SAO 系統也會詢問老師關於家長的問題：

1. 你曾否接觸該學生的家長／監護人？如有，你認為家長對該學生的看法是否與學校一致？

數學科老師

數學老師需要為學生的數學程度評分，例如初級代數、代數 I、代數 II 和微積分 BC。除計算能力外，數學老師還會為領導潛力、接受難題和挑戰的意願，以及創造力評分。

大多數寄宿學校會在入學之前的暑假安排數學分班試。因此，數學老師除了評論學生的數學程度外，還需要為學生在寄宿學校第一年的數學分班提供建議。

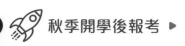 秋季開學後報考 ▶

校長／班主任

這推薦信涵蓋的內容是最廣泛的，會問及學生的特質、上學紀錄，和對學校的貢獻。校長／班主任的推薦信應該回應以下問題：

1. 與同年級的其他學生相比，該學生的整體表現和成績如何？請詳細說明。

2. 試用 3 個詞語描述該學生。

3. 就你所知，該學生的家長／監護人對學生的看法，是否與學校的看法一致？

4. 如有額外資訊，請提供給我們以更全面了解該學生。

「X 特點」推薦人毋須是現任導師

撰寫這封推薦信的人士需要描繪學生的「X 特點」。推薦人不一定是學校老師，可以是校外教練、音樂老師、社區服務主任或模擬聯合國的指導老師等，也不一定是來自現任導師的推薦。「X 特點」的推薦人需要全面及客觀地評價學生在該範疇內的具體技能及興趣。

個人推薦　重點描繪學生性格

在所有推薦信中，最令人煩惱的是如何挑選撰寫個人推薦信的推薦人。個人推薦信需要由一名與學生長期相處的人來撰寫，某些學生會選擇教友、童軍領袖，或是他長期參與社區服務的負責人。推薦人與學生的經歷能向學校說明學生的性格、適應力和如何克服挑戰。

家長有時會問，找申請學校內「具影響力」人物（如在校學生的家長、現任學校董事會成員或校友）撰寫推薦信好嗎？答案是「不一定」。

當考慮提交這類推薦信時，推薦人應與學生見面。如果家長與申請學校有些聯繫，但推薦人不認識孩子，請務必安排他們見面，讓推薦人可以有機會與孩子相處，並以此為素材寫下一封理想的推薦信。此外，當你的孩子與申請學校的其他人物會面時，他也可以了解更多關於學校的情況。最後，這些推薦人既了解學校，同時亦了解學生及其家庭，他可以為學生寫下一封合適的推薦信，也有「名人效應」！

如何獲得最佳的推薦信？

寄宿學校透過老師撰寫的學術推薦信來了解你的課堂表現、行為舉止及整體評價，老師的評語可反映你的學習熱情以及與老師和同學之間的互動，因此老師的推薦信可決定你的申請成敗。

就像其他事情一樣，必須及早開始！我們的目標是透過有意識的溝通和行為，給推薦人正面積極的好印象，以獲得最理想的推薦信。

做好日常言行

・與推薦人建立良好關係。

如果推薦人並不了解你，那麼他寫的推薦信就沒有意義。你應該積極與你的老師和班主任建立有意義的關係，讓他們認為你是個積極、主動的學生。你可以積極參與課堂討論、課後向老師提出有深度的問題、主動在辦公時間聯絡老師。你可以向老師表達你對某個課題的興趣，保持在課堂內外持續展現你的好奇心！

・不可忽視日常行為。

當老師和班主任受邀撰寫推薦信後，會更留意與你的日常接觸，所以你必須要注意行為舉止。你可以每天早上在走廊上對老師打招呼、經常面帶微笑、在課堂上發問，以及有禮貌地發送電郵。相反，如果你總是遲到，或與同學吵架，就會在推薦人心中留下不好的印象。

・別給老師和教職員送禮物。

送老師一塊曲奇是善意的舉動，但若你送一份奢侈禮物，會惹人懷疑你的動機，為你帶來負面印象。總而言之，你應該避開送禮的行為，不時向他們微笑和說「謝謝」，已經足夠表達你的謝意。

親自邀請推薦人

當你回顧學校名單後，你應該知道哪些學校需要你提交哪類推薦信，以及可以透過甚麼渠道遞交。在申請年的 11 月 1 日之前，你應該要邀請推薦人為你寫信。為表誠意及尊重，學生最好親身邀請推薦人，而非由父母邀請或只發送一封電子郵件。由你親自邀請的話，相信大多數人都會感受到那一份尊重及誠意。

當你邀請推薦人時，你需要向推薦人具體說明如何及何時提交推薦信，你可以向他們發送 SAO ／ GTP 系統 ／ 學校指定網站的連結。如果學

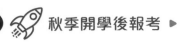
校並沒有網上申請系統,你需要給推薦人相關電郵地址,好讓他們直接向學校寄送推薦信。雖然過程有點複雜,但不應讓推薦人感到太麻煩。

事後跟進

若推薦人透過 SAO 或 GTP 系統提交推薦信,你可以隨時在網上系統跟進推薦信的狀態。直接給學校發送的推薦信,你則需要在學校的申請網站查看狀態,或直接與學校招生官聯絡。

請你務必在截止日之前,跟進推薦人是否已遞交推薦信。申請截止後,大多數學校也會發送電郵通知學生有否欠缺的文件,這時,學生有責任繼續跟進。最後,別忘了感謝你的推薦人!

額外推薦信　最多兩封

如你希望提交學校要求以外的推薦信,留意不應多於兩封。愈多推薦信,不代表愈好。招生官非常忙碌,附加的推薦信理應為你的申請提供非常重要的資訊。

若你有額外推薦信,應請推薦人直接發送至學校電郵(並非透過 SAO 或 GTP 系統)。你最好將申請學校招生辦事處的電郵地址告訴推薦人,並請他們在電郵主題上註明你的全名。

3.4 補充資料 切勿留白

寄宿學校鼓勵學生遞交補充資料（supplement），你不應將此部分留空，而是要盡力補充任何對你有利的資料，例如你為校報或寫作比賽所寫的文章，或你開發第一個應用程式時所寫的代碼。有意義的補充資料可以提高學生被錄取的機會，但提交過時的、不重要的資料會令入學機會大打折扣。

 ## 影片、音檔、作品集

GTP 系統最多遞交 2 個多媒體連結

若你是一名具天賦的音樂學生或體育學生，短片是一個良好的補充資料，用來向招生官和學校教練展示你的「X 特點」。很多學校現時不再接受 CD、DVD、錄影帶或實體作品集。學生可以在學校申請系統上附上 YouTube 影片、音檔、藝術作品集和演講報告等的網上連結，

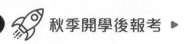
SAO 系統沒有連結數量的限制，而 GTP 系統只容許遞交最多 2 個多媒體連結，補充資料部分則不能遞交超過 3 個連結。當你附上連結後，請記得寫下簡單描述。

若你附上短片，一定要注意影片長度不應超過數分鐘，不宜讓招生官耗費太多時間觀看。如果影片內有很多人（例如一場足球比賽或戲劇表演），你可以在剪輯影片時，在你的身上添加一個箭頭或以文字描述你的穿著，以便招生官能夠辨認你。如果你將影片設為私人影片，切記在描述欄上附上密碼。

另外，你應該附上最新和與入學申請有關的補充資料。家長可能會想發送子女 5 歲時拉小提琴的影片，或是 10 歲時得獎的畫作，但謹記，招生官只想看到你最近期（建議在 2 年內）和最佳的作品。

已評分的寫作功課

已評分的寫作（graded writing sample）指學生在校以英語書寫的功課，通常要求出自目前學年的英語或人文學科，題材不限，並需要有老師的評分和評語。雖然並非所有寄宿學校都要求學生遞交已評分的寫作，不過根據學生經驗，最少一兩間學校會有此要求，因為寄宿學校希望透過這些寫作功課知道學生的寫作技巧、學生在現就讀學校的功課深淺度、老師對學生的期望及學生的表現。

已評分的寫作應由學生自行上載到申請系統上。現時很多學校都已經採用網上評分系統或 Google 文件，老師理應不用再像昔日般在功課的空白處手寫評語。當然，這還需要視乎你的學校如何改卷，如果學生的作文只有網上版本，我們建議以截圖方式截取老師的評價及意見，再插入到文檔中，並儲存為 PDF 檔，再上傳到申請系統。

由於很多國際和國外學校不像美國學校般有頻繁的寫作功課，學生可能較難找到合適的作文功課提交，或在最後一刻才臨陣磨槍。記得在秋季開學時看看教學大綱，或詢問你的老師會否安排任何作文功課，並在老師安排功課時盡量做到最好。需要注意的是，儘管詩是 SSAT 考試的其中一個部分，但大多數學校都不希望學生提交詩集。

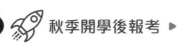 秋季開學後報考 ▶

為特殊興趣製作簡歷

若你的特殊興趣是「X 特點」，你可以考慮為此項興趣建立一份簡歷
（CV），強調你在這個領域的才華。這份簡歷毋須複雜，文件簡單即
可，使招生官能夠一眼看到相關成就和經驗。

許多學生在很小的時候就開始發展這些興趣，但建議簡歷只需要包括
過去兩年的經歷和活動。例如，你可以寫明自己從 5 歲起開始打網球，
並有定期上網球課，然後只需要列出在兩年內的成績和活動。

SAO 系統可提交較多補充資料

大部分寄宿學校不喜歡學生提交影印本，除了環保因素之外，招生官
也需要花時間將大量影印本分類，還需要手動輸入學生資料和檔案。

你會發現，SAO 系統已有足夠的空間讓你提交所有資料，GTP 系統則
提供較少添加補充資料的空間，例如有些 GTP 學校可讓學生附加一個
PDF 檔。如果系統給予你提供額外資料的機會，你應盡量提供。

第四步

面試後跟進有技巧 🔔

4.1 - 保持曝光度　增入學機會

4.2 - 公布招生結果後

就像服務業，除了售出商品外，售後服務同樣重要。本章會討論面試後的後續工作，即是與學校並持續溝通，目的是讓學校記住你的形象、知道你的近況，並持續了解你的形象。哪怕申請期已經結束，你要繼續向學校展示自己的形象價值，讓招生官知道他應該錄取你。

當你已經遞交全部申請資料,以為一切已經完結,只需安坐家中等候錄取結果嗎?非也。雖然最複雜的申請工作已經完成,但一日未等到結果,你仍需要提升你在寄宿學校的形象,換句話說,**保持你的「曝光度」**。

補充文件貴精不貴多

大多數美國寄宿學校會在 1 月初截止申請，並在 3 月 10 日左右公布錄取結果。從截止申請到公布結果，各間學校都正在挑選「貨品」，這時你仍然需要繼續建立自己的形象。

如果你跟從本書建議，應該已獲得所有報考學校的招生官及教職員的聯絡方法。記住，當你每次聯絡寄宿學校時，都需要進行有效及有意義的溝通。

回想一下你在 1 月初至 3 月這段期間，當中有些有意義的事情值得與人分享嗎？有關你的「X 特點」，你有否取得獎項或有改善呢？或者你是否發掘到新興趣呢？

招生官相當鼓勵學生在面試後以電郵發送補充資料，關鍵是，這些資料必須能為你的申請加分。你可以將補充資料發送給曾與你面試的招生官，如果該招生官沒有回覆你，你可以再考慮抄送（cc）給部門主任和學校的一般招生電郵。若仍沒有人回覆你，應視為警號。

將學校教職員變成你的「忠實顧客」

如果你有跟從本書建議，你應該在學校探訪時，曾與其他教職員會面。由於在探訪時你只與這些教職員初步接觸，因此你需要把握這個增加宣傳的好時機，將他們變成你的「忠實顧客」！在後續工作方面，你可以向教職員提供關於你個人專長的近況，說明你未來能為學校貢獻。

例如，如果你曾接觸過寄宿學校的樂團總監，並在申請截止後獲選為一個樂團的樂手，那你就可以將這個訊息告知該樂團總監；例如游泳是你的「X特點」，而你又曾見過寄宿學校的游泳教練，你可以將最新比賽的項目及成績告知游泳教練；又例如你參與了藝術及辯論比賽，可以將多媒體連結發送給藝術科老師或辯論隊長。留意，除了將資料發送給相關教職員外，也應該抄送給招生官，宣傳你的形象。

 # 向目標學校表達誠意

你已與多間寄宿學校建立了關係，也充分掌握到自己的優點缺點。在此階段，你應審視自己的平衡選校名單，並預測到自己獲不同學校錄取的機率。

一般來說，合資格申請者比美國寄宿學校的學位多。當學校發出錄取通知時，招生官需要謹慎地預測「入學率」（Yield），即最終接受錄取的學生人數／發出錄取通知的數量。如果入學率過低，即太少學生

接受錄取，學校需要填補空缺，也可能會影響學校日後的排名。若入學率過高（Over-yield），即最終接受錄取的學生人數比預期多，就會攤薄學校資源，也會影響學校來年的編班及收生決定。

能力相同　誠意是決勝關鍵

大部分學校會以「學生是否對學校感興趣」為重要的收生指標。建議你將目標學校的數量縮減，並持續與這些學校聯繫，表達自己的入學意願及誠意。看看以下兩位學生的例子，雖然他們同是合資格的申請者，但錄取結果大有不同：

申請者 A 的學業成績符合學校要求，也有數項突出的「X 特點」。他在申請過程中，積極表達自己對學校的興趣及入學意願；在申請後，A 一直與校內不同教職員緊密聯繫，並會經常向他們訴說自己的近況，表現出自己喜歡該校的文化和曾與他接觸過的人士。這些後續工作充分向招生官反映出他是適合入讀該校的學生。

申請者 B 的學業成績符合學校要求，其「X 特點」也具吸引力。但他在遞交申請表後，就不常與學校聯絡了。

兩位能力同樣優秀的申請者，申請者 A 積極展示自己的形象和入學意願，並與學校建立了緊密聯繫，申請者 B 的後續工作則未能令學校對他有足夠信心。因此，申請者 A 被錄取的機會比申請者 B 大。

如果你無法確定哪些學校是你的目標，那你最好向每一間學校都表達自己的誠意、在你心中的排名甚高，不過你應避免說出「你是我的首選」之類的內容。

學生需要明白美國寄宿學校的學位競爭激烈，需要清楚計算自己被錄取的機率。你應特別注意那些與你的能力和意願匹配的學校。如果你採取本書建議的平衡選校名單，即包含不同競爭程度但全部適合你的學校，你應該很大機會獲名單上的學校錄取。若你只申請頂尖學校，到頭來花了無數時間和心血，最終可能一場空。

175

4.2 公布招生結果後

3 月 10 日對申請者來說是一個重要的日子！因為大部分美國寄宿中學會在這一天以不同方式（電郵通知、寄信、在網上招生系統內公告，甚至致電）公布招生結果。學生和家長應提早了解報考的學校會如何公布招生結果。

正如第 2.1 章指出，平衡調整後的選校名單應分為 3 類，包括競爭較激烈，收生要求略高於學生程度的學校（Reach schools）；學生程度符合要求，但競爭仍激烈的學校（Target Schools）；學生成績高於要求，大機率能成功入讀的學校（Likely schools）。在 3 月 10 日，你應**該會收到以下其中一項消息 —— 錄取（Accept）、不被錄取（Deny）或列入候補名單（Waitlist）。**

 錄取

恭喜你！幾經辛苦，你和家人終於獲得讓寄宿學校接受你的申請，你成功取得寄宿學校對你的信心，學校的教職員已經成為你的「忠實顧客」。

只一間學校錄取

若你獲得一間學校的錄取通知，也沒有在其他學校的後補名單上，你就可以接受錄取。在網上確認入學後，記得要電郵給招生官表示謝意，也可繼續鞏固忠誠度。

被多間學校錄取

採取平衡選校策略的學生可能會收到多間學校的錄取通知。如果你被多間學校錄取，你就需要想想決定入讀哪一間寄宿學校。記住，你需要在 4 月 10 日前做好決定。

如果你肯定自己不會入讀某學校，應該盡早回覆你的入學意向，你也應該電郵給招生官，除了婉拒錄取決定外，也應該對錄取決定表達謝意。這樣學校就能盡快安排錄取在候補名單上的學生。

不被錄取

不被錄取是相當令人失望的。招生官已全盤考慮每名申請人的狀況，而學校是不會告知學生不被錄取的原因。

但不管是甚麼原因，不被錄取都代表申請告吹，也毋須再有行動。但學生若計劃未來再次申請（具體考慮要點會在「特殊考慮」一節中討論），或弟妹將來會申請該學校，會建議寄一封電郵給招生官，感謝他們給予自己機會，保持關係，以便日後再次聯繫。

列入候補名單

雖然不被錄取令人失望，但總算是短暫的，因為你可隨即向其他方向前行。但若學生收到列入候補名單的通知，可能會忐忑不安一段長時間，因為這代表學校雖然對你感興趣，但目前學位不足。

大部分學校都設有候補學生名單，而候補名單與上一節提到的「入學率」（Yield）有一定關係，因為候補學生的人數也會影響入學率的高低。過去幾年，部分學校改變其策略，轉為發出較多「不被錄取」名單，而不會將大量學生放入候補名單。這種轉變解開了申請學生與學校的枷鎖，學生或能更意識到自己的缺點，需要再強化形象，為再次申請做好準備。

應否留在後補名單上？

在候補信中，學校會具體指示學生應如何回覆，一般有以下兩個選項：

1.「我不想留在候補名單上。」

學生應按候補信內的指示向學校回覆你的決定。如果學生之前持續與該校招生官交流，應撰寫感謝信，禮貌地向他表達謝意，以及讓他知道你決定入讀哪間學校。大部分學校都會跟進候補學生入讀了哪些學校，藉此了解他們的競爭對手。

2.「我想留在候補名單上。」

若你沒有被其他學校錄取、或你對入讀該學校的興趣甚高，你應表明自己願意被留在候補名單上。由於列在候補名單的學生不會被邀請參加回訪日（Revisit days），因此你是被動的一方，除非你非入讀這間學校不可，否則不應花時間留意後補名單及等待錄取的消息。

當你向學校回覆意願後，你可以再次聯絡招生官（希望他對你的忠誠度夠高），感謝他們給你一個後補入學的機會，也藉此重申自己的形象及「X特點」適合這學校。若你有新消息，也不妨向對方提及。之後你就只能繼續等待，除非學校回覆，否則你不宜再有行動。如果學校決定錄取你，他們自然會聯絡你。

 面試後跟進有技巧 ▶

一般而言，大城市的申請學生眾多，競爭較激烈，學生獲後補錄取的機會也相對較少。其實，一直等待也可能是徒勞無功，學生如要堅持等待，可能會影響進度（因為你可能已被其他學校錄取或有其他升學計劃）。你必須深思熟慮，才決定是否要留在候補名單上。

大部分學校最終會通知所有候補學生，表示不會再考慮錄取在後補名單上的學生。因此，學生需收拾心情前行，入讀另一間學校，或作其他升學計劃。

留意，家長必須要在錄取通知列明的指定日期前辦理學位註冊和繳付留位費。如果後補學生獲錄取（通常在 4 月 10 日後通知），並且選擇入讀該校，那麼你之前在其他學校所付的一切費用均不予歸還。

4月10日前要做抉擇

有些家長可能基於參加該校暑期活動的經驗、朋友介紹、或學校排名，從一開始便有心儀的寄宿學校。在探訪學校後，學生可能會更堅持自己的選校，又或者出現新的想法。

對於被多間學校錄取的學生，在4月10日前就要做抉擇，但不應貿然下決定。因為這個決定關乎未來數年的生活及至少25萬美元學費，甚至會影響日後選大學及選學系的決定。再想想你們為入讀寄宿學校犧牲了多少時間、付出多少心血：

- *瀏覽學校網站：1-2 小時*
- *探訪學校：2 小時*
- *參加本地升學講座：1 小時*
- *電郵給招生官：1 小時*
- *電郵給學校其他教職員：1-2 小時*
- *宣傳你的形象：1 小時*

單計一間學校，你已經最少花上10小時。因此，在做最終選校抉擇前，你必須深思熟慮，又或者參加回訪日（Revisit Day）。

面試後跟進有技巧 ▶

參加回訪日

寄宿學校一般會在 4 月 10 日前,為收到錄取信的學生安排回訪日,在正式登記入學前再次到訪校園。小量學校更會安排留宿,讓學生體驗課堂以外的寄宿生活。建議所有獲錄取的學生參加回訪,才最終決定是否入學。留意,大部分學校都只會安排數天的回訪日,錄取信上應該已列明回訪日的日期,以及告知相關資訊和登記手續。再次提醒,列在候補名單的學生不會被邀請參加回訪日。

回訪日與申請前期的參觀日大不相同,這次雙方的角色互換了,學生變成「顧客」,學校成為「貨架產品」。這次學生會深入遊覽學校每個角落,也會獲邀請「試堂」,通常包括參與一兩節課堂和不同課外活動。學校可能也會安排分享會,由在校生講解寄宿學校的體驗及回答相關問題,在校學生也可能會舉行戲劇和音樂表演,總的來說,學校會在回訪日展示自己最優秀的形象,說服學生和家長選擇該校。

有些國際學生的家長不太願意參加回訪日,因為孩子和家長需要再次請長假參加,所需花費和時間都頗多。不過,以多年經驗所得,每年總會最少有一個家庭在參加了所有學校的回訪日後改變了初衷,讓孩子轉到另一間學校入學。雖然參加回訪日要付出很多,但這是值得投放時間和資源的。

認識新朋友　助順利過渡

即使你肯定會入讀這間寄宿學校，也應該參加回訪日，因為這有助學生過渡至寄宿學校。獲錄取的學生可以在回訪日互相認識，當認識了未來的同學，便能減少焦慮和不安，甚至有很多學生會在暑假期間保持聯絡。到 9 月開學後，學生就已經熟悉了校園和教職員，並擁有一群朋友。即使是最有自信的學生，如果去到新學校，沒有認識的人，也會感到不安。因此，參加回訪日可以令學生適應新環境及增加信心。

參加多間學校的回訪日

大部分學校都會在 4 月 1 日至 10 日舉行回訪日，建議國際學生應盡早計劃行程並及早登記參加。如果學生仍在多間學校中沉吟不決，密集緊迫的回訪日行程將是一大挑戰。若學生計劃參加多間學校的回訪日，應集中在最看重的選校因素，例如對機械人感興趣，可多花時間參與學校的科學課堂、與相關學科的老師和學生互動，或與機械人學會成員交流。記住，你現在是一名顧客，看看哪一間學校的「產品」能吸引到你。

入學註冊及付留位費

當學生確認入學後，應該在學校規定的日期（一般為 4 月 10 日）前完成學位登記及支付留位費，學校之後會發出入學合同（Contract），整個入學註冊手續至此完成。

 # 特殊考慮

再次申請

若學生未獲寄宿學校錄取，一定會相當沮喪。他們可能選擇繼續在本地原校升學，努力準備日後報考美國大學。但有些學生由於多種原因（教學方法、家庭計劃，或學習某些學科或運動項目），仍然渴望入讀美國寄宿學校，他們會計劃再次申請寄宿學校。

當決定再次申請寄宿學校時,學生必須了解之前不被錄取的原因,這是很有幫助的。落選的原因不外乎以下數個:

> *1. 學生不適合該寄宿學校。不論是在學術還是心理上,學校認為這名學生都未準備好入讀寄宿學校。*
>
> *2. 學生沒有平衡選校名單。*
>
> *3. 學生沒發展或未能充分向寄宿學校展現自己的形象。*
>
> *4. 財政負擔太大,未能取得資助。*

如何應對以下情況?

1. 若學生的學習準備度不足:

學生需要向寄宿學校證明自己的學業達到要求,到再次申請前,你是否有足夠時間改善呢?還是應該考慮留在原校升學,集中提高學術水平,努力準備報考大學呢?

其實每間寄宿學校的學術要求不一。更理想的做法是調整選校名單,你應該選擇與你能力匹配的學校。

2. 若學生的心理能力準備度不足:

學生也需要向寄宿學校證明自己已做好心理準備,能應付寄宿學校的種種挑戰,即第 3.2 章提及的性格測試(Character Skills Snapshot)及 7 項性格特質。例如有自我管理能力的學生懂得分配學習和娛樂,知

 面試後跟進有技巧 ▶

道事情有緩急輕重之分；有團隊合作精神和社交能力強的學生，能夠以不同經歷展示自己是一名好隊友、好同伴和好室友，善於與他人互動。主動積極的學生固然可以鼓勵同輩一起進步，當他們在低潮時，也會懂得主動向外求助。因此，在再次申請前，學生會否嘗試改善自己弱點？更甚者，學生的心理能力是否達標呢？正如本書開首所說，不是每個人都適合入讀寄宿學校。

再次提醒，即使學生已被錄取，但若心理上未準備入讀寄宿學校，最後可能要退學回家。退學是最惡劣的結果，因為會加重學生的壓力，也會影響到將來的大學申請。

3. 若學生沒有平衡選校名單：

有些家長未清楚美國寄宿學校的競爭有多激烈，他們或會高估孩子的能力，並只申請頂級學校。有些家長只看排名，卻沒有考慮到學校是否適合孩子。學生一定要清楚自己的形象及水平，在再次申請時，一定要選擇適合自己的學校，量力而為，否則只會歷史重演。

當學生的學習和心理能力都已準備充足，學校就會評估學生未來能夠怎樣為學校貢獻。要建立具吸引力的個人形象是相當花時間的，到底

上次的失敗是源於申請文件寫得不夠吸引、「宣傳」不足、還是學生本身沒有競爭力呢？

家長通常都忽視了其他學生的努力，並認為自己的孩子與他人同樣優秀。有些家長雖然明白孩子的能力不及，卻幻想將來能被同輩帶動而跟得上。家長要清楚知道，大部分學校只會招收已經準備好的學生，而很少考慮這種「未來可能性」。

4. 若學生未能負擔學費：
美國寄宿學校很少給予學生財政援助，特別是國際學生。如果學生再次申請入學，同時需要申請財政支援，應考慮更多及不同類型的學校。

自 3 月中得知自己不被錄取後，直至 12 月完成再次申請，你有 9 個月時間扭轉局面，因此必須謹慎對待。一般來說，學校很少會錄取曾拒絕過的學生申請。若想被成功錄取，建議申請新學校，而這些學校應與你的才華相配，也可以讓其他招生官了解你的形象。

面試後跟進有技巧 ▶

準備過渡至寄宿學校

被寄宿學校錄取固然令人興奮，但這不是終結，而是另一個旅程的開端。

學生要繼續努力保持自己的成績，因為學校會要求學生遞交年終成績表。如果學生的學期末成績大幅下滑，遠差於申請時的成績水平，學校是有權推翻錄取決定（寫在入學合同的附加條款內）。

你可花點時間與寄宿學校的本地校友或在校學生聯繫。有些學校也會在各地舉辦歡迎會，學生應該積極參加。你和父母都已經成為學校的一分子，你可以到網上商店購買學校衛衣和運動服，準備好你的機票，正式展開你的旅程。

申請寄宿學校流程

在本章最後，我們重溫一下整個申請美國寄宿學校的流程。正如第一步所指，要「及早開始」，建議學生最少在提交申請的兩年前就要開始準備工作。

時間	工作	本書參考
提交申請的兩年前	• 評估個人學習準備度，包括： - 英語能力 - 學業成績 - 批判性閱讀及思考能力 - 創意及解難能力 - 協作及溝通能力 • 認清弱項和缺點，想方法改善 • 制訂應考英語水平考試前的計劃，報名參加試前預備班 - SSAT - 托福（TOEFL） • 建立個人形象 - 找出個人定位 - 鎖定你的目標 - 決定你想讓學校看到你的哪一面 - 開發你的「X 特點」 - 站在顧客的立場思考 - 建立忠誠度 • 推廣你的形象 - 制訂市場策略 - 在社交媒體推廣形象 - 建立個人網站 - 參加校內和校際活動	1.1 及 1.2

面試後跟進有技巧 ▶

時間		工作	本書參考
		• 建立家校關係 - 安排初次探訪 - 參加本地升學講座	1.1 及 1.2
申請年度	6 月	• 再次檢視個人形象 • 制訂暑期提升形象價值的計劃 • 想方法在應考 SSAT 或 TOEFL 前改善弱點 • 制訂初步選校名單 • 定下探訪學校的時間 • 向學校索取資訊 • 定期檢查電郵	2.1 及 2.2
	7 月至 8 月	• 在暑假期間，提升個人能力和準備應考 SSAT 或 TOEFL • 確定初步選校名單（大約 8 至 10 間），向學校索取資料及查看其網站 • 完成網上問卷和面試前的問卷調查 • 聯絡學校，預約正式參觀和面試時間 • 與多間學校落實參觀時間 • 了解學校的報名方式和細節 • 8 月 1 日：報名參加 SSAT 考試 • 定期檢查電郵	2.2 及 2.3

時間		工作	本書參考
申請年度	9月	• 開始構思寫作學生文書 • 繼續準備應考標準化考試 • 開始撰寫家長文書 • 安排到美國探訪學校的行程 • 在本地參加心儀學校的講座 • 定期檢查電郵	2.2、3.1 及 3.2
	10月	• 應考 10 月的 SSAT • 繼續撰寫學生文書 • 繼續準備應考標準化考試 • 繼續寫家長文書 • 與推薦聯絡，並確認遞交推薦信方式 • 定期檢查電郵	3.2 及 3.4
	11月	• 應考 11 月的 SSAT（如有需要） • 11 月 1 日：確定最終選校名單 • 11 月 1 日：邀請數學科／英語科／班主任撰寫推薦信和向學校申請成績表 • 確認申請學校的途徑：SAO 系統／Gateway 系統／個別學校的獨立申請系統，並根據系統要求，確認是否需要遞交額外文件和個人推薦信 • 撰寫學生文書的定稿 • 撰寫家長文書的定稿 • 參加學校的本地座談會 • 定期檢查電郵	3.1 及 3.4

面試後跟進有技巧 ▶

時間		工作	本書參考
申請年度	12 月	<ul><li>應考 12 月的 SSAT（如有需要）</li><li>檢查推薦信及成績表是否已上載至申請系統</li><li>完成學生文書</li><li>完成家長文書</li><li>定期檢查電郵</li></ul>	3.2 及 3.3
	1 月 至 2 月	<ul><li>應考 1 月的 SSAT（如有需要）</li><li>1 月 1 日：提交標準化考試的結果</li><li>在限期前完成申請及提交所有文件</li><li>定期檢查申請系統，跟進申請狀況</li><li>跟進有否遺漏資料</li><li>持續與招生官交流，並發送新資料（如有）</li><li>定期檢查電郵</li></ul>	4.1
	3 月	<ul><li>約 3 月 10 日：學校公布錄取結果</li><li>根據本書的建議行動</li><li>定期檢查電郵</li></ul>	4.2
	4 月	<ul><li>若你被數間學校錄取，參加回訪日</li><li>回覆學校確認入學意向</li><li>若你確認入學，繳付留位費</li><li>截至學期末，仍需在學業上努力</li><li>定期檢查電郵</li></ul>	4.2

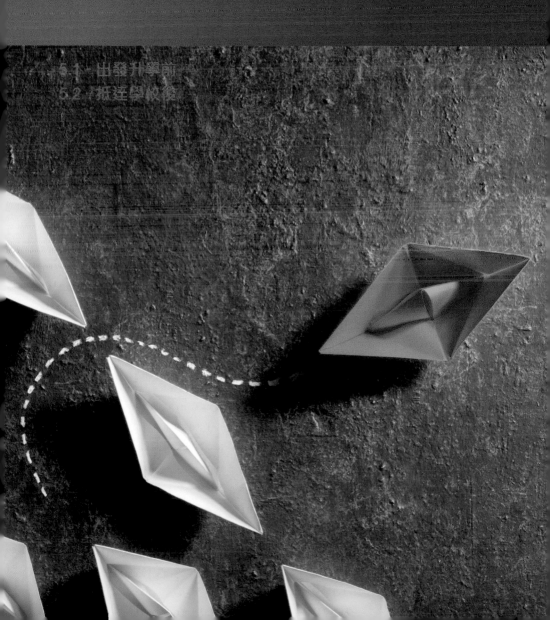

第五步

適應轉學過渡期 ⫸

 就像寫文章、樂章，從一個階段到下一個階段
之間，需要一個過渡期。學生從本地學校，轉
學到美國寄宿學校，都需時適應。學生要開始獨立生活、
遠離家鄉、接受新的學習方式，以及適應室友和新文化等
等。這個章節會說明學生如何能夠盡早準備，並成功過渡
至寄宿學校。

5.1 出發升學前

申請美國寄宿中學的過程競爭激烈,但獲得學校錄取只是起步,入讀寄宿學校只是教育路上的一個階段。剛開始的時候,學生與家長都會難受,思鄉、離愁、緊張、興奮、疑惑、擔憂等等,這些情緒都是必須經歷。

擁有某些性格特質能助學生更快適應寄宿學校的生活。學生需要積極上進,持續學習及完成功課;在學習路上遇到挫折和失敗時,要有適應力和心理韌性;要知道向外界尋求協助並非示弱的表現。只有了解到自己的優點和缺點,有人生目標和方向時,學生才會做到最好。

寄宿學校的生活雖然嚴格,但只要有時間管理和自我管理的能力,就會在寄宿生活與學習中取得平衡。學生也不能忽視身體健康,保持充足睡眠和均衡飲食,因為健康才是成功之本。

任何旅途都會有顛簸不平的時候,如果你有遵從本書第一步建議的**學習準備、社交及心理能力準備**和**課外活動準備**,此時此刻,你應該已經準備就緒,具有應付挑戰的能力,在展開留學旅程前,看看你需要準備的事項吧。

學習準備

數學及第二語言分班試

美國的數學課程通常是每學年專攻一個課題，當中包括：代數 I、幾何學、代數 II、預科微積分和微積分。由於課程編制有差異，一般國際學生即使擅長數學，也會在寄宿學校遇到挑戰。這不是學生的能力問題，而是因為這些學生以往是由淺入深地學習所有課題。例如九年級的國際學生在入學前，已讀過少許代數 I、幾何學和微積分入門，他們一般比美國學生懂得更多不同數學課題，但在某些課題上，深淺程度會出現差距。

因此，大多數寄宿學校會在暑假為學生安排數學分班試。你或需要補習部分課題，如代數或幾何，以應付測驗。要留意的是，學校也會參考數學科老師的推薦信來決定分班。若你能夠編入高階班，在未來選修科中會有優勢，所以在暑假期間也要保持學習。

第二語言課

寄宿學校通常會開辦不同程度的第二語言課。如果學生打算在寄宿學校繼續修讀第二語言，學校會提供分班試，以便安排適當的級別，因此學生也要持續努力練習第二語言。

選修科目

大多數進入九年級或十年級的學生在第一年可以選擇核心科（英語、數學、歷史和科學）。雖然選修科只有幾項選擇，但隨著升上較高年級，並達到學校的預修課程和畢業要求，學生在選修科方面將有更多選擇。

準備「全校閱讀」

寄宿學校通常會指定所有教職員和學生在暑假閱讀一本書（All-School read），書本主題通常與社會議題、學校來年的主題或倡議相關。讓校內所有人閱讀同一本書，能夠增強學生和老師之間的聯繫。除了全校閱讀之外，每一年級的學生通常有指定的暑期讀物。

書籍研討會通常是新生入學的活動，有助互相交流和分享心得，為新學年拉開序幕。因此，你在入學前，必須先閱讀這些書籍、完成作業，並準備討論讀後感，確保你在學校有個好開始！

追上學業進度

有些學生會在暑假期間補習一些非強項的學科，以追上學習進度，這能令他們在開學前增強信心。此外，學生也可預習「補底」。

社交及心理能力準備

養成良好習慣　應付獨立生活

很多學生在開學初期都會表示適應不了寄宿學校的生活，例如在檢查功課、準時起床、保持個人衛生及健康方面遇上難題。沒有條理的生活會影響學業之餘，也會影響自己的身心健康。因此，學生需要盡快養成良好習慣，以及在暑假學習一些生活技能。

很多寄宿學校會要求學生自行做家務，因此需要學會使用吸塵機、電熨斗、煮食爐和洗衣機等電器。學生也應該培養調校鬧鐘起床、自行煮早餐、洗熨衣服等等習慣。如果入學前就已經掌握以上生活技能，便能夠應付獨立生活，也能更專注於學業、課外活動和結識朋友。

溝通技巧

美國寄宿學校採用「哈克尼斯教學法」，學生可以在一個受鼓勵、受尊重、思想開明的環境下發表自己的意見，與其他同學互相交流，老師甚少干預。學生可以評論、提問及回應其他學生，也可以支持或反駁以推動討論進展。因此，在寄宿學校內，溝通是很重要的。有不少國際學生不習慣互動教學模式，他們過渡到寄宿學校會顯得難以適應，不知怎樣加入對話。有些學生可能會壟斷發言，或不理解別人的對話。建議學生參加對話訓練課程，增進討論技巧。

試試享受這個學習過程，有需要時候也要開口求助。

課外活動準備

所有寄宿學校的學生都需要參與體育課和課外活動，大多數學校會設有不同級別的運動隊伍，既有專業級校隊，亦有零經驗的團隊，適合不同學生。如果你在某項運動已有經驗，你或許想在入學後繼續參加這項運動，你應在暑假期間維持訓練，備戰入學後的選拔賽。

對於沒有運動專項而又想嘗試新事物的學生來說，你可以事先了解學校提供哪些運動項目，並在開學前熟悉該運動。運動是在課室之外，認識其他同學的好途徑，即使學校沒有強制要求學生參加體育活動，學生也應該主動參與，至少在秋季學期參加。

學生已經進入了一間合適自己的學校，可以讓你繼續發展個人興趣，或發掘新興趣。如果你想繼續開發你的「X 特點」，可了解一下相關活動的舉行時間和地點，並盡早報名。最重要能融入寄宿學校群體，嘗試為學校貢獻。當適應了學校環境後，你便可以發展新興趣，或者創立一個新學會。

在寄宿學校裡，最理想是能夠同時參與各種運動和課外活動，在學業與校園生活之間保持平衡。

 預備行李

學校會發送一份開學所需的物品清單，現階段毋須過分擔憂。大多數家庭會提前幾天抵達學校，並購買所需的大型物品。學校也會提供網上商店的鏈結，你可以預先購買，並安排直接送到學校。很多學校附近都有大型超市，在開學後第一個週末，通常會安排購物團，由教職員帶領學生前往超市或購物中心購買所需用品。即使真的遺漏了一些生活用品，學生仍可在校內的小商店購買。

//⇒ 適應轉學過渡期 ▶

大部分學生宿舍都有單人床、梳妝檯、書桌、椅子、垃圾桶、衣櫃等。
以下是建議國際學生執拾行李的清單：

- *一張家庭照片*
- *電腦、手提電話、平板電腦、充電器*
- *120V 的變壓器*
- *個人海報*
- *個人衣物、運動服、休閒裝（視乎學校服裝規定）*
- *個人洗澡用品*
- *個人運動裝備*
- *急救箱*
- *處方藥物*
- *環保水樽*

抵埗後，你也需要自行購買以下物品：

- *床上用品如床褥、床墊、被鋪、枕頭、兩套床單等（宿舍的單人床尺寸通常為 39"x 80"x 4"）*
- *4 條浴巾及 4 條手帕*
- *浴袍*
- *沐浴架*
- *洗衣籃*
- *電風扇（很多寄宿學校沒有冷氣，美國部分地區在 9 月份仍是非常炎熱，而學校通常不允許使用暖風機）*
- *電源拖把*
- *3M 牆上掛勾*

- 衣架
- 儲物箱
- 冬季衣服：大褸、帽子、冷衫、冷手套、靴子，視氣候而定
- 風筒
- 門鏡
- 學校用品
- 運動裝備
- 打印機（需向學校查詢打印機功能或型號）

以下物品不容許帶入學校，否則可能會被校方沒收：

- 石英燈泡
- 電視機或大型顯示器（檢查學校具體指引）
- 遊戲機（學校可能容許高年級學生攜帶）
- 無線路由器（Router）
- 冷氣機
- 微波爐或小型雪櫃
- 壓力鍋
- 暖風機
- 延長線
- 蠟燭或燒香
- 武器
- 插電式空氣清新機

//△ 適應轉學過渡期 ▶

開學前 3 個月申請簽證

如果你不是美國公民或綠卡持有人，你必須持有學生簽證才能在美國讀書。視乎學校類別及課程種類，非移民國際學生需要申請 F 或 M 學生簽證。計劃入讀美國寄宿學校的學生需要申請 F 簽證，這並不會授予永久居留權；M 簽證則適用於職業導向或其他公認的非學術機構，不適用於語言培訓課程。詳情可以查看以下網站或諮詢專業人士：

Education USA: https://educationusa.state.gov

Study in the States: https://studyinthestates.dhs.gov

Student Visa Page of Travel.State.Gov:
https://travel.state.gov/content/travel/en/us-visas/study/student-visa.html

所有能招收持有 F 簽證的國際學生的美國學校，都已經獲美國國土安全部（DHS）及移民和海關執法局（ICE）管理的學生交流訪問計劃（SEVP）批准和認可。這些獲 SEVP 許可的美國學校，都已經證明了課程內容、服務、校園設施以及教職員團隊質素等多項達標。取得 SEVP 認可的過程可能需要一年，SEVP 專員會訪問學校，持續評估學校教職員團隊的知識，以確定學校是否適合招收國際學生。即使獲得 SEVP 認可後，學校還要遵守嚴格規定及持續的 SEVP 監督。獲 SEVP 認可的學校必須指派一名或多名指定學校高級職員（DSO）和一名校長指定的高級職員（PDSO）接受培訓，以達到 SEVP 的資格要求。

一般來說，學校辦理完學生的入學手續（包括學費）後，便會為學生在「學生和訪問學者信息系統」（SEVIS）內註冊，學生必須支付 SEVIS I-901 的費用。之後，學校會向學生發出 I-20 表格。當學生收到 I-20 表格並在 SEVIS 註冊後，便可以在美國大使館或領事館申請 F 學生簽證。在簽證面試時，學生須向領事官員出示 I-20 表格。

你必須預早計劃，因為預約辦理簽證需時甚長。新生的 F 簽證可以在開學日前最多 120 天內簽發，而新生只能在開學日之前的 30 天被准許以此簽證入境。

5.2 抵達學校後

寄宿學校將來自不同背景的學生聚集在一起,學生需要離開父母,在學校學習獨立,同時與朋輩一起生活成長。在這節會更深入講述寄宿學校的生活模式及如何使用各種資源。

 ## 指導制度

所有美國寄宿學校都設有指導制度(advisor system),學校會為每位新生指派一名指導教師。學生會與指導教師在校園生涯建立關係,甚至維持至畢業以後。導師會向學生講解課程,並且就選科提供建議,為學生進入大學做好準備。學生也會與其他寄宿生一起學習生活技能,學會忍耐與合作。在整個學習體驗中,學生了解到自己的強項,積極探索自己的熱情和興趣,以及懂得在困難時如何尋求協助,成為健康活潑的年輕人。

當學生入學後，會被安排跟隨一名指導教師，有些學校會要求指導教師在開學前便與學生聯絡。指導教師通常是能夠與學生在校內經常接觸的人，例如相關學科老師、教練或舍監。舍監在宿舍內擁有獨立套房，主要負責在宿舍內照顧學生。

指導教師與學生的感情，可能是在寄宿學校中最有意義的一段關係。指導教師會伴隨學生左右，幫助學生面對困難與成功。指導教師熟悉學校要求及課程大綱，並充當著學生與家長之間的聯絡人，協助學生訂立學業計劃。

 # 留意先修科

每間學校都有各自的課程和學分要求，學生必須完成才能畢業。學生應該熟悉這些畢業要求，避免之後忘記修讀部分學分！學生應該及早準備，確保自己在選修高階學科前已完成必要的先修科。學生可與指導教師一起訂立每年的學習進度計劃，並隨學生目標的變化而調整。

 # 適應住宿生活

對大部分學生（特別是國際學生）來說，寄宿學校的生活並非一般離鄉別井的經歷。大部分寄宿學校會傾向招收曾獨立生活的學生（不論是數星期的暑期課程，或是較長的學校旅行）。很多學生在入學初期，會覺得寄宿學校像夏令營，不過隨著學期開始，就會逐漸變得不一樣。

學生可能會思鄉，又或會與室友發生衝突，甚或兩者同時出現，也可能在獨立生活上如保持自律和個人整潔方面遇上困難。

能否適應住宿生活其實與性格特質有關（第 3.2 章），當中思想開明、懂得自律及具群體意識尤其重要。寄宿學校特別重視多元文化，學生可能會與一個跟自己截然不同的人一起生活，因此應時常對其他同學的文化背景和個人經歷保持開放態度，會更容易融入寄宿生活。保持開放的心態有助接受文化差異和衝擊，而非製造對立。要在狹窄的宿舍內生活，學生要努力成為一個良好的室友，除了自律，還要尊重他人、互相體諒、不打擾室友，並會適時一起合作。學生應留意自己會否不慎越界惹惱他人。

然而，即使及早察覺，有時候室友間的衝突始終難免發生。這時，學生需要學習為自己爭取權益，並找輔導員或舍監協助化解。

為自己爭取權益

學懂為自己爭取權益（self-advocacy），是表達自我的方式，亦是重要的社交技巧。在寄宿學校內，有需要時要鼓起勇氣開口尋求協助！

學生了解自己的長處和短處，也了解到成功所需的條件，以及如何將這些訊息告知他人。簡而言之，學懂為自己爭取權益就是表達自己的需要，再獲得相應協助，從而獲得成功。校內的成年人未必留意到學生的困難，不論是不懂做哲學科功課，還是思鄉，學生都應**主動向成年人求助**。

 積極參與體育和課外活動

美國寄宿學校以豐富的課外活動而聞名，踴躍參與體育和課外活動，不但能促進學生的身心發展，更有助提升其學習表現。除了按學校要求上課外，學生應積極參加感興趣的活動。持續參與課外活動更可為學生帶來擔當領袖角色的機會。記住，寄宿學校的經驗有助你未來報考大學，你應該繼續探索或開發你的「X特點」，有些學生會在寄宿學校重新為自己定位，亦有些學生努力提升自己，積極發揮長處，補足短處。

融入美國寄宿學校文化

每間寄宿學校都有著不同願景及辦學使命，影響著學校文化及規矩。有些學校擁抱多元文化和互相包容，有些學校旨在為學生激發潛能，作育英才。學生應該知道並理解學校的使命，並積極融入。

寄宿學校文化著重於團隊合作，國際學生在身分上面臨著更大的挑戰，既要融入美國文化，同時亦要保持對自己的文化和身分的認同。具體而言，能融入學校群體即代表融入美國寄宿學校文化，學生可以選擇將自己困在房間裡；或者參與學校活動，結識更多美國本地學生，充實自己和豐富整個寄宿學校生活。

大多數寄宿學校設有文化親善小組（cultural affinity groups），學生可與其他擁有共同文化的同學建立關係。成功的寄宿學校學生會在認同自己身分的同時，尊重其他文化。

家長參與

寄宿學校將家長視為合作夥伴，並歡迎家長參與學校活動如家長日、運動會和參觀校園。雖然本地學生的家長會較容易參與學校活動，不過現時一些學校會網上直播或錄製表演和體育賽事，以便身在全球各地家長隨時觀看，參與孩子的成長。家長可以上網或致電輔導員，為子女準備生日蛋糕並送到宿舍，或在體育賽事中給孩子的隊伍買小吃。

家長主要會與輔導員聯絡，向輔導員表達其關注及需要支援的事項。大多數學校也會規定輔導員與家長保持聯絡，與家長分享學生的近況。與輔導員建立良好關係不但對父母有益，亦對子女有利。

當然，父母若過度主導對話，有可能不知不覺地影響孩子的寄宿生活，家長需要相信學校以學生的利益為首，以「幫助培養子女成為負責任的世界公民」為共同目標。

應否轉校？

轉學到另一所寄宿學校並不常見，因為過程非常複雜，轉學紀錄也會影響未來申請大學，所以應盡量避免。不過，事出有因，為何學生會轉學到另一所寄宿學校？

1. 學業成績被高估

學生的學業水平可能被高估，學生發覺即使盡最大努力也跟不上課堂進度。學生應尋找一間與自己程度匹配的寄宿學校，並於轉學期間補習，使學習進度不致落後。

2. 紀律問題

寄宿學校有嚴格校規，不過很多年輕人喜歡挑戰規則。每年總有些學生不適應學校文化、違反校規，這些學生要不立即被開除，就是會被要求在翌年退學。

在確定選校名單前，學生最好先了解每所寄宿學校的校規。有些學校會對學術不誠實、濫藥、酗酒或暴力等行為採取「不可一、不可再」的原則，學生只要違規一次就會被要求退學；有些學校會按嚴重程度決定處分，並為犯規學生設立觀察期，限制其行動，學生如再犯，才會被開除學籍。

如果學生被學校開除或翌年仍未被邀請回校，他們需考慮如何完成之後的學業。如果學生曾有紀律問題，尤其是希望繼續就讀寄宿學校的學生，在報考其他學校會遇到極大困難，他們需要問問自己：

1. 我是否解決了違規事項？
2. 我該如何證明自己，讓新學校相信我會遵守校規？

如果學生能夠表現悔意，並且汲取教訓，下定決心不再違反校規，有些學校會願意給予學生改過自新的機會。不過這類入學申請較敏感，學校會謹慎處理。

個案分析

個案分析

第一步　從申請前兩年開始部署

第二步　申請年度的任務

第三步　秋季開學後報考

第四步　面試後跟進有技巧

第五步　適應轉學過渡期

本書向各位家長和學生介紹了如何以上述 5 步考入美國寄宿學校。ARCH Education 聯合創辦人鄭余雅穎女士在此部分分享了一些學生案例,以實例解釋這 5 步如何協助學生考入美國最具競爭力的寄宿學校,增加獲錄取的機會。

本書著重學生應建立個人形象,為自己加分。以下案例會集中敍述 ARCH 學生如何透過建立個人獨有形象和特質,成功向學校表現出自己的價值和潛力,最終獲得心儀學校錄取。

個案 1：
MICHAEL —— 9個月內改頭換面

Michael 從美國移居到香港，他來到 ARCH 時正就讀七年級，成績高於平均水平。當時，Michael 需要從美國郊區學校的水平，「改造自己」至符合 IB 國際學校課程的要求。然而，他還停留在美國學校的舒適圈，以致在過渡期停滯不前，令他的形象看上去並不吸引。

其後，我們發現 Michael 的個性比他的履歷有趣得多。他既主動又積極，領悟力強，只需要給他適當的意見和指導就能進步。他需要訂立目標 —— 考進寄宿學校，並在確立好目標後，隨即開始在學校和課外活動中，發揮自己的體育和音樂潛力。

在申請寄宿學校之前，Michael 只有短短 9 個月時間改變自己。他在這段時間需要付出百分之百的努力，全心投入展示他的全部潛能。Michael 在訂立「獲寄宿學校錄取」為目標後，成績突飛猛進。他在 9 個月內，於 7 分制評分標準中，從平均 5.4 分上升至平均 6.4 分。由於他相當期待寄宿中學的生活，因此我們在鼓勵他的同時，也要為他設定更高的期望。

確立目標　釋放潛能

Michael 盡情發揮潛力，考獲 SSAT 分數達到 99%。他不但加入了學校賽艇會，更參加了全市青年管弦樂團的試演並獲錄取。Michael 發現自

個案分析

已對法律和人文學科感興趣,因此積極尋找辯論和公開演講的機會,更在報考學校前的暑假參加了一個美國夏令營。

雖然 Michael 並非證明「及早開始」有多重要的最佳人選,但他的個案能反映準備度指標的重要性 —— 他用了 9 個月時間探索自我、發展個人形象並確立自己的「X 特點」; Michael 亦是一個成功「改造」的典型例子 —— 只要有明確的目標、動力、鼓勵和向上心態,就能激發潛能。Michael 在設定好目標後,在 9 個月內成功變身並完成目標,考入美國排名前十位的寄宿學校!

個案 2:
CHRIS —— 13 歲開始留美

Chris 屬於「早期開始部署」的案例,他擅長寫作,會尋找校外機會磨練寫作技巧,因此在六年級(約 11 歲)時成為 ARCH 增益課程的學生。ARCH 的上課模式參考美國寄宿中學,以互動、討論形式進行學習。Chris 很喜歡這種課堂模式,因此他和家人很快便開始探索美國的教育和選擇學校。在 ARCH 顧問的指導下,Chris 和家人比其他學生更早擁有了美國教育的基礎。

年紀小　建議以「兩階段」寄宿

Chris 年紀尚小，因此顧問建議他以「兩階段」適應美國教育課程：先入讀寄宿初中（Junior boarding school），之後再到寄宿高中（Boarding prep school）升學，讓他逐步建立自信、發展完善、並嘗試領導他人，使他的心理準備度逐漸成熟。

ARCH 協助 Chris 發揮成為作家、藝術家和領導者的潛力，並鞏固其「X 特點」。通過 ARCH 小班授課，Chris 能夠充分發揮寫作技巧和才華，亦很快發掘到新的課外興趣，並參加寫作班等暑期文化項目。在申請寄宿初中之前，Chris 參加了時裝設計和藝術的暑期課程。八年級時，他被寄宿初中錄取，到九年級畢業時，他已經是學校運動隊成員、校報主編，更當選為學生會主席。假若 Chris 選擇留在香港學習，就沒有那麼多機會讓他充分發揮才華。

Chris 的學業成績一向優秀，在額外一年的寄宿初中生活助他鞏固信心和自我意識，同時亦讓他體會到學校是否適合自己與成功息息相關，因此 Chris 最終沒有根據排名選校，而是選擇了一間非常適合自己的寄宿學校。

由於 Chris 早期開始部署，在他申請寄宿學校之前，ARCH 便鼓勵他充分探索自己的興趣並擔任領袖。Chris 在十年級開始寄宿學校生活後，參與出版學校刊物、加入學校管弦樂團，更成為學生事務組織的領袖，

並活躍於不同課外活動中,這些都是他未來報考大學時需要用上的「X特點」。

當 Chris 還是初中生時,他就已經認清自己的長處和短處。到了高中時,他懂得為自己尋找合適機會,讓自己的才華得以展現,最終獲常春藤大學錄取。

個案 3:
NATALIE 在美國寄宿中學找到自己

Natalie 初來 ARCH 時,是一名說話輕聲細語、略為拘謹但學業成績優秀的八年級學生。她認為本地學校的選擇有限,因此想了解美國寄宿學校。她表示自己對部分課外活動感興趣,例如吹奏長笛,但找不到熱情所在,以及不知道個人未來的學術方向。她說自己喜歡閱讀、寫作和電影製作,但還未深入探索這些科目。

我們初步了解 Natalie 之後,認為入讀美國寄宿學校可以為她提供一個更大的平台,讓她能夠在課堂內外探索她的興趣;至於 Natalie 對人文學科感興趣,美國寄宿學校則能提供更廣泛的選修課程。

我們也知道 Natalie 必須改善她的弱點,例如要更自信地說話和積極參與課堂討論,才有機會被頂尖寄宿學校錄取。Natalie 說話太溫柔了,

給人不自信的感覺；隨著愈來愈了解 Natalie，我們發現她的意志堅定，非常渴望提升自我。她決心提高自己說話的聲量和建立信心，於是我們著手訓練她的用聲與發音技巧。當說話能力改善後，Natalie 的自信心大增。以前那個害羞地踏進 ARCH 辦公室的 Natalie，今天已脫胎換骨，並獲得全美十大頂尖寄宿學校之一錄取！

留級九年級　助過渡美國課程

Natalie 能夠成功被錄取，部分關鍵原因在於她（和父母）願意以九年級留級生的身分報考美國寄宿學校。這令她有額外一年時間，從本地課程慢慢過渡到美國課程的標準，並有充分時間全面探索自己的課外活動興趣。

Natalie 一踏進寄宿學校後，隨即踴躍地參與不同活動。她成立了讀詩會，並貢獻大部分課餘時間為學校出版物撰稿。她還學會了踏步舞！舞蹈表演令她充滿自信，勇敢踏出自己舒適區。她更在家鄉創辦了慈善機構，通過踏步舞來支援資源不足的兒童。

Natalie 成為學校和社區活動的活躍分子，贏得了一系列寫作獎項，並最終被美國四大（哈佛大學、耶魯大學、普林斯頓大學和史丹福大學）之一錄取！如果她留在本地學校，或許不會擁有這些支持個人成長的環境和資源，從踏入 ARCH 開始，她徹底改變了人生經歷。

個案 4：
錯誤理解「顧客」
ADRIAN 實力險被埋沒

Adrian 的個案十分有趣，他來 ARCH 的時候，已是九年級學生。在接觸 ARCH 的前一年，他的所有申請皆落榜或被列入候補，他希望了解自己能否有機會從「候補」變成「錄取」，或應否計劃在十年級秋季再次報考寄宿學校。

Adrian 給我們的第一個印象是成熟、勤奮和才華洋溢；可惜的是，我們不能從他過往的入學申請表看出這些長處，他的入學申請表只敍述了他認為學校想知道的內容。我們認為 Adrian 不了解他的對象，他沒有將自己的「X 特點」與寄宿學校的要求連繫起來。

重寫申請表　令人眼前一亮

由於 Adrian 希望重考寄宿學校，所以我們決定為他重寫所有申請表，以充分反映他的潛能。在此過程中，我們深入了解 Adrian，挖掘他真正的才能和興趣，包括歷史、體育和音樂。我們再提出建議，幫助他進一步學習和發展才能，讓他大放異彩。Adrian 當時就讀於一間沒有太多競技運動項目的國際學校，我們鼓勵他更踴躍參與體育活動，並向他介紹賽艇和越野賽兩項體育活動。我們亦發現他聲音雄厚，是天生的男中音，然而他從未接受任何正規訓練，我們便向他介紹了一名

專業歌劇導師，並讓他在提交入學申請時附上自己的聲樂錄音。此外，Adrian 喜歡歷史，亦曾帶領學校的歷史團隊贏得冠軍，可惜他從未在早前的申請中列明這項成就。

Adrian 是一個潛力被隱藏和申請失誤的經典案例。如果沒有諮詢教育顧問，他可能無法更進一步。我們與他一起探索在美國學習的可能性，讓他找出很多有趣並適合自己的學校，之後 Adrian 獲得數間學校錄取，其中一間更是之前把他列為候補的美國頂尖學校！

聘用教育顧問及中介要留神

想孩子擁有光明的前途，教育是不可或缺的一部分。由於教育開支不少，很多家長為用得其所，都會聘請相關專業人士幫忙。**教育顧問**知道哪種教育方式適合學生，他們首先會與學生訂立一個整體目標，評估他的優點和缺點，並就最適合他的教育模式提供建議，助其選擇正確的寄宿學校。

教育顧問深知申請美國寄宿學校的難度及耗時極長，部分教育顧問亦曾在寄宿學校任職，熟知學校希望錄取的學生類型。家長應視教育顧問為夥伴，他們能給予學生客觀的建議，除了能協助學生獲錄取外，也能為學生日後的校園生活做足準備。

強烈建議家長選擇擁有多年經驗和良好記錄，並屬於美國獨立教育顧問協會（IECA）成員的教育顧問。IECA 成立於 1976 年，擁有近 2,000 名成員，在美國每個州份和其他 29 個國家都有代表。要成為 IECA 成員，教育顧問必須符合相關教育和培訓的標準，他們亦會每年拜訪各間學校，以確保自己掌握最新的學校資訊。此外，IECA 成員必須遵守職業道德，以學生及學校的利益為先。在 iecaonline.com 可以找到 IECA 教育顧問成員名單。

及早開始

升學計劃及建議

教育顧問可以從頭至尾為家長和學生打點繁複的美國寄宿學校申請流程。正如本書的第一步所述，申請的重點是「及早開始」。同樣道理，家長應及早聘用教育顧問、及早客觀地評估學生的優點和缺點。更重要的是，教育顧問會給予意見，並與家長一起努力，充分發揮學生的優點，並協助他克服各種困難。教育顧問還會和學生一起發掘和探索個人興趣，隨著相處漸多，教育顧問也會評估學生的性格特質。在完成所有評估後，教育顧問會分析並制訂全面升學計劃，這在整個申請學校過程中發揮關鍵作用。

基於以上原因，很多家長會發現，自己的孩子較願意聽從教育顧問的建議及指導。

制訂選校名單

專門從事諮詢的教育顧問會定期訪問寄宿學校，熟悉各間學校的文化，並掌握學校課程的最新狀況。教育顧問也會熟悉他們的學生，能夠為學生及家長制訂一份最合適及平衡的選校名單，增加入學機率。

附錄：聘用教育顧問及中介要留神

教育顧問如項目經理

若以管理角度看待申請寄宿學校一事，教育顧問就如同「項目經理」。他們精通各種學校申請系統（不論是 SAO 系統，還是 Gateway 系統）、時間表，熟悉學校要求及所需資料，能在申請表上突顯學生的優勢，吸引寄宿學校青睞。

專業可靠的建議

很多家長或會盲目聽從朋友的意見。試想想，當你生病時，你會否只聽取朋友的意見？還是你會看醫生，尋求專業醫學意見？雖然教育決定不危及性命，但會影響學生未來的發展。因此，強烈建議你尋求教育顧問的專業意見。收過不少家長的電郵，通常他們都會轉述「友人」的情況，並詢問自己的孩子是否適合跟從「友人」的策略。但朋友的資訊通常都不太準確，或者只是個別案例，不適合其他申請人。家長部署學校申請時，不應單單依賴別人的經驗，而是需要一個客觀而專業的夥伴。

有些家長也會在社交媒體搜尋資訊，但資料來源是否可靠？資料是否客觀？發布目的是甚麼？作為家長，你也會經常提醒學生檢查網上資訊的來源，因此你也要保持清醒，毋須將所有網上資訊都照單全收，以免浪費時間及被誤導。教育顧問是專業人士，能夠為家長提供準確而客觀的升學資訊。

常見問題

1. 教育顧問（Educational Consultant）與中介代理人（Agent）有何分別？

作為 IECA 成員，教育顧問有嚴格的教育及專業要求。他們不能接受任何學校的報酬，因為 IECA 成員是由家長聘用，而不是學校聘請的。在本質上，是應該以學生的利益為最大考慮。

至於中介代理人，由於沒有專業機構審查其經驗和監督教育培訓，所以他們沒有任何專業資格。此外，有些中介代理人甚至會同時收取學校與家長的雙邊利益，造成潛在利益衝突。有些案例更顯示，中介代理人保證學生獲寄宿學校錄取。

教育顧問的工作是幫助學生得到最合適的學校錄取，而且更要協助學生在校園健康成長。沒有人能夠保證寄宿學校的錄取結果。如果有人以收費來換取入學保證，你便應該考慮其他選擇。

2. 如果寄宿學校知道我的子女曾接受過教育顧問的輔助，會否降低他的入學機會？

恰恰相反，大部分寄宿學校非常歡迎學生與教育顧問合作。事實上，大多數信譽良好、經驗豐富的教育顧問都已經與寄宿學校合作多年，為學校推薦了不少合適的學生，建立了良好的互信關係，很多學校都

附錄：聘用教育顧問及中介要留神

歡迎教育顧問為學生提供意見。因此，很多寄宿學校的招生官都樂意聽到申請學生與可靠的教育顧問合作。

當然，家長也可以自行決定是否告訴寄宿學校，他們正與教育顧問合作；或者是否容許教育顧問向學校提供學生的資料。

很多家長都表示，教育顧問的指導非常重要。但當然，學生最終是否獲寄宿學校錄取，還是要靠自己的能力，並要及早著手準備。

你可以掃描 QR Code 下載 *MY BOARDING SCHOOL PLAN WORKBOOK*（PDF 格式）。

總結及感謝

過去多年，我是獨立教育顧問，也是一所美國頂尖寄宿學校的國際學生招生官。我在本書寫下了多年來自己為多名國際學生申請頂尖美國寄宿學校的經驗，但我認為最寶貴的經驗是能夠成為 4 名就讀寄宿學校的孩子之母。我的 4 名孩子 —— Caitlin、雙胞胎 Claire 和 Elizabeth（Libby）以及 Drew，分別入讀 3 間美國寄宿學校！Caitlin 和 Claire 就讀於同一間寄宿學校，Elizabeth（Libby）和 Drew 則入讀了其他美國寄宿學校。最年輕的 Drew 是最富冒險精神的孩子，也令我知道，在寄宿學校追求自己的興趣是沒有盡頭的。現時 Caitlin、Claire 和 Libby 取得了高級的專業學位，事業也發展順利。我亦特別感謝 Libby 在百忙之中（她現時是全職幼稚園老師）抽空為我繪畫本書的所有插圖。

我也要感謝丈夫 Tom 為這本書編輯了很多有趣的橋段，Tom 也是一名寄宿學校的學生，與我分享了很多他以前就讀寄宿學校的生活，至今仍與不少寄宿學校的同學時常聯繫。作為一名家長和專業教育顧問，加上這些身邊親人的經驗，令我確信學校與學生之間是否互相適合，以及讓孩子自行下決定，是他們能夠成功的前提。

我特別感謝 ARCH Education 聯合創辦人鄭余雅穎女士，她曾在頂尖的美國寄宿學校及常春藤聯盟大學接受教育，也為本書撰文分析學生個案。鄭女士自 2010 年起成為我的合作夥伴，也是我的良師益友，她會從學生的角度考慮，又有獨特的溝通技巧，能夠激發學生探索及發掘興趣的熱情，與他們一起做到最好。ARCH 的團隊已協助數以百計

總結及感謝

學生實現入讀美國寄宿學校的夢想。對我們的學生來說，他們已了解到，入讀寄宿學校的重點不僅僅是學術教育。

我寫這本書的目的，是希望學生和家長能成功應付申請寄宿學校的繁瑣過程，知道自己要準備甚麼、要在甚麼地方多下工夫。我要強調的是，寄宿學校的關鍵在於獨特性，申請寄宿學校是一個自我探索的過程，因此你可將這本書看作探索自己的指南。找出你感興趣的領域，這不僅是為了申請寄宿學校，更是為了你自己。無論你最終是否申請寄宿學校，希望透過閱讀此書，你可以得到更多的成長發展機會。**及早開始吧！**

申請美國大學的準備工作其實跟寄宿學校大同小異，因此本書的原則基本上也可適用於申請各間美國大學，期望正申請入讀大學的學生也能受惠於本書內容。

ARCH Education 的大學團隊同樣以書中的方式指導高中學生。我們不僅協助學生申請美國大學，也會考慮英國和香港的大學。我希望讀者能從本書了解到，在被錄取和過渡到寄宿學校的過程中，需有思考、決心和規劃。本書已為此提供框架，最重要的是，學生如何做好每一

個步驟。要在整個規劃入學的過程之中做到最好，教育顧問的專業意見必不可少。

對很多學生來說，包括我的孩子，入讀寄宿學校迎來人生的轉變，在學校建立的友誼和關係往往能維持一生。當我們透過 ARCH Education 協助不同學生申請美國和英國的頂尖大學時，我不期然會想起自己被賦予的重要角色和責任，就是幫助家長規劃並為他們的孩子做出最佳教育選擇。我非常感謝香港和世界各地的眾多家庭對 ARCH Education 的支持和信任。歡迎你們到 http://www.arch-education.com 了解更多 ARCH Education 的資訊、學術活動、美英寄宿學校和大學諮詢服務等。

EDUCATION 02

建立你的獨有形象

入讀美國頂尖寄宿學校 關鍵5部曲

作者	瑪麗貝絲‧霍德森（Marybeth Hodson）、鄭余雅穎
譯者	Hockey Yeung
內容總監	Wendy Tsang
責任編輯	Wendy Leung
書籍設計	Elaine Chan
相片提供	瑪麗貝絲‧霍德森、Getty Images

出版	天窗出版社有限公司 Enrich Publishing Ltd.
發行	天窗出版社有限公司 Enrich Publishing Ltd.
	九龍觀塘鴻圖道78號17樓A室
電話	(852) 2793 5678
傳真	(852) 2793 5030
網址	www.enrichculture.com
電郵	info@enrichculture.com
出版日期	2022年2月初版

承印	嘉昱有限公司
地址	九龍新蒲崗大有街26-28號天虹大廈7字樓

定價	港幣 $188 新台幣 $920
國際書號	978-988-8599-75-2
圖書分類	(1)海外教育 (2)親子教養

由美國寄宿學校資深招生總監撰寫，教你如何建立個人形象，在招生選拔中脫穎而出，入讀最適合你的學校！

- *如何建立獨特而吸引的個人形象，令招生官眼前一亮*
- *面對競爭激烈的學校，如何在學生／家長面試中出類拔萃*
- *獲得最佳推薦信的技巧*
- *與心儀學校建立有效關係的策略*
- *適應寄宿學校環境的成功法則*
- *國際學生找到適合寄宿學校的實例*
- *免費下載 My Boarding School Plan Workbook (PDF)！*

將學校和申請學生完美配對，不僅是招生官的目標，也是學生的願望。以教育顧問的角度來了解招生過程，有助提高學生獲心儀學校錄取的機會，更重要的是，有助他們在自己選擇的寄宿學校中茁壯成長。

作者瑪麗貝絲・霍德森（Marybeth Hodson）及鄭余雅穎，擁有超過 10 年教育諮詢專業經驗，已協助數以百計國際學生成功入讀美國頂尖寄宿學校。兩位作者在本書揭示寄宿學校招生的 5 部曲，為你逐一拆解當中的細節及問題，以確定你適合哪類學校，以及如何獲心儀學校錄取。細閱此書，可助學生和家長更透徹了解頂尖寄宿學校錄取學生的準則，以及如何建立獨有形象，成為心儀學校最佳的錄取人選。

作者簡介

瑪麗貝絲・霍德森 (Marybeth Hodson)
ARCH Education 美國寄宿學校諮詢總監兼高級合夥人

自 2010 年起，瑪麗貝絲擔任 ARCH Education 美國寄宿學校諮詢總監兼高級合夥人，協助多名國際學生申請入讀美國寄宿學校。瑪麗貝絲曾在康涅狄格州一所寄宿學校擔任高級副招生官及國際生招生統籌，經常到訪美國頂尖學校，對新英格蘭（New England）的學校瞭如指掌。她的 4 名孩子都是寄宿學校的學生。

鄭余雅穎
周大福教育集團執行副主席及集團總裁、ARCH Education 和 ARCH Community Outreach 聯合創辦人、鄭余雅穎培菁女性創效基金創辦人

鄭余雅穎為周大福教育集團執行副主席及集團總裁，主理該集團的策略發展方向，亦是 ARCH Education 和 ARCH Community Outreach 聯合創辦人，及鄭余雅穎培菁女性創效基金創辦人。作為美國大學和寄宿學校招生諮詢部總監，她於過去十年曾指導數以千計的學生，協助他們進入美國頂尖寄宿學校和大學（包括哈佛大學、耶魯大學、普林斯頓大學、哥倫比亞大學、史丹福大學、麻省理工學院、長春藤聯盟等世界頂尖大學），實現接受優質教育的升學夢想。

ISBN 978-988-8599-75-2
9 789888 599752

www.enrichculture.com

HK $188 NT$920